U0943488

重庆市人文社会科学重点研究基地重点项目（项目编号：16SKB010）

勇气品格的测评与教育

Measure and Cultivation of Courage

程翠萍◎著

科学出版社
北京

内 容 简 介

本书基于人格研究中国化的视角，对勇气品格的测评与教育进行了系统分析，通过考察历史先哲和当代公众的勇气观，剖析典型勇者吴宓的人格特征，建构出勇气的结构模型；在此基础上设计了具有高信效度的勇气测量工具，利用此工具探索了勇气的年龄、性别、学历、婚恋特征，其与自立、自信的关系，其对学业成就、主观幸福感的影响，以及勇气的脑神经机制；并从自我意识、父母教养方式、教师激励和大众传媒四个角度提出了切实可行的勇气品格养成教育策略。

本书适宜广大心理学、教育学、社会学、伦理学教学科研人员研读，可帮助读者对中国人勇气品格的测评与教育有一个崭新的认识。

图书在版编目（CIP）数据

勇气品格的测评与教育 / 程翠萍著. —北京：科学出版社，2019.11

ISBN 978-7-03-062745-2

Ⅰ. ①勇…　Ⅱ. ①程…　Ⅲ. ①品德教育-研究-中国　Ⅳ. ①D648

中国版本图书馆 CIP 数据核字（2019）第 245603 号

责任编辑：朱丽娜　刘曹芃　冯雅萌 / 责任校对：何艳萍

责任印制：李　彤 / 封面设计：润一文化

联系电话：010-64033934

E-mail：edu_psy@mail.sciencep.com

科学出版社 出版

北京东黄城根北街 16 号

邮政编码：100717

http://www.sciencep.com

北京建宏印刷有限公司 印刷

科学出版社发行　各地新华书店经销

*

2019 年 11 月第　一　版　开本：720×1000　B5

2019 年 11 月第一次印刷　印张：11 3/4

字数：220 000

定价：88.00 元

（如有印装质量问题，我社负责调换）

前　言

勇气孕育幸福，幸福给予人类自由飞翔的翅膀。在追寻学业梦想的道路上，勇气催人奋进突破；在迎接事业挑战的旅途中，勇气使人不惧挫折；在摆脱生活困境的过程中，勇气助人积极向上。勇气在人的一生中扮演了如此重要的角色，那么如何科学地测评中国人的勇气？如何有效地培育儿童、青少年的勇气品格？本书的写作主要源自对这两个问题的思考。

勇气品格的奥秘，令人神往。解开中国人勇气品格之谜，需要立足于中国的文化、社会、历史实际开展研究。本书共有八章。第一章梳理勇气的文献研究成果，第二章建立勇气的结构模型，第三章编制勇气的测量工具，第四章至第七章验证测量工具的有效性，第八章整合勇气品格的养成教育策略。本书的特色之一，是充分吸收中国传统文化和现代中国社会主流价值体系关于勇气的积淀，建构中国人勇气的结构模型；本书的特色之二，是融合质的与量的研究方法，兼顾人文性与科学性，编制出高信效度的测量工具——中国人勇气量表；本书的特色之三，是最早尝试探索中国人勇气的大脑结构与功能特征，并提出“四位一体”的勇气品格教育策略。

程翠萍　谨识

2018 年 12 月于南山

目　　录

第一章 勇气的文献述评

俯瞰人类文明的历史，敢为人先、英勇不屈的勇士比比皆是，如骁勇善战的抗金英雄岳飞，誓死捍卫“日心说”的哥白尼，为争取民族独立而牺牲生命的无数英雄等。当下现实生活中，我们也能见到一些见义勇为的新闻报道，如公交车上夺刀救人的高三考生柳艳兵、用自己身体挡住学生而自己却被车轮碾压的年轻教师张丽莉、夫子庙平江桥上跳河救人的南非男子帕纳约提斯·斯泰斯等。

然而，面对危急的时刻、复杂的情境，并不是每个人都会勇往直前。处于同一个社会环境下的人们，有的逃避畏缩，有的犹豫不决，有的临危不惧、坚强不屈，其根源何在？人类能够长久立足于自然界，不仅依赖于器质性的身体力量，更重要的是依托顽强的心理能量。在浩瀚的人格系统中有一个强大的成分，能够使个体即使处于如履薄冰的惊险状态下，也坚持到底；身临拔刃张弩的紧张局势中，也毫不退缩；面对千钧一发的危急情境，也背水列阵、拼死作战。这个至关重要的成分就是勇气。毋庸置疑，几乎世界上所有国家、地区和民族都以非凡的勇气为荣，都崇拜胜敌壮志、持节不恐、知死不避、投身为义的英雄，并以之为榜样来教育世世代代，希望他们同样具备这种美好的品格。可以说，勇气是我们全人类都共同赞赏与推崇的品质，因为它充当了人们通达事业成功和生活幸福的桥梁，是强化人生之根的催化剂及原动力。

勇气在中国历史长河中源远流长，这一品质自古多受主流思想家推崇，如儒家将勇与仁、智一起列为君子“三达德”（杨天宇，2007），墨家视勇为“志之所以敢也”（墨翟，2011），史学家总结出“夫战，勇气也”（杨伯峻，2009）、“勇，文之帅也”（左丘明，2013）。这些广泛流传的尚勇思想，促使历朝历代勇者辈出。例如，战国时期蔺相如为维护赵国利益，不畏强秦，甘冒丧失性命的风险请缨赴秦；荆轲重义轻生，冒死刺杀秦王嬴政；魏征敢于直言不讳，犯颜进谏君王唐太宗。同样在西方文化史上，勇气一直与智慧、正义、节制共同被列为四项首要美德（柏拉图，1986），人文主义思想家蒙田（2009）则更直接地表达“在全部的美德之中，最强大、最慷慨、最自豪的是真正的勇敢”。虽然古今中外学者都关注这个炙手可热的主题，东西方先哲都试图从不同的角度定义和解释勇气，但结果众说纷纭，莫衷一是。那么，勇气的实质到底是什么？人们对勇气进行系统探讨始于中国古代哲学家孔子关于理想人格的主张，后续研究者从哲学、文学、史学、教育学、政治学等不同的学科视角对勇气进行了解读。自从积极心理学兴起以来，越来越多的心理学研究者开始重新关注勇气这一心理品质，并运用科学实证的研究方法初步建立了勇气的概念体系和理论模型。总而言之，不论是其他学科的有益思考还是心理学的科学探索，都为我们深入研究勇气奠定了必要的基础。

第一节　勇气的内涵解读

在关于勇气的文献脉络中，人们首要回答的问题就是“勇气是什么”。关于这个问题的答案，不同领域的研究者众说纷纭。本节将从词汇学和心理学两种角度回顾勇气的内涵演变脉络，以厘清勇气的基本内涵。

一、勇气的词汇学释义

勇气的语用层面沉淀着关于勇气的行为特征、思维模式的最基本说明。勇字最早可见于金文，据容庚（1985）的《金文编》考证，勇的字形为“甬”或“甬”，并没有偏旁“力”，而是由口、用两部分组成的。根据字形可推测勇最初的名词词义表示一个有口的容器，之后衍生出表示使用、施行的动词词义。许慎（1988）的《说文解字注》载“勈，气也；从力甬声”；或由戈、用两偏旁组成，字形为“㦷”；或由甬、心会意而成，字形为“恿”。据此三种字形可知，勇分别表示用力、用戈、用心的形容词词义。余迺永（2000）校注的《新校互注宋本广韵》曰：“勇，猛也”，《增修互注礼部韵略》解释勇为“锐也，果敢也”（毛晃，毛居正，2005）。由此可见，勇的本义为名词容器，动词为施行、使用，形容词为勇敢、英勇、果敢。经过词义演变，勇的动词词义消亡，名词词义扩展，形容词词义被沿用至今。名词勇的词义包含三类：一是勇气，如“可使有勇”（杨伯峻，1980）；二是士兵，如游勇、兵勇；三是一种姓氏。形容词勇，褒义表示果敢、大胆、勇敢、英勇、忠勇，贬义表示勇猛、凶猛。勇字与气字连用早在《左传》中可见，如“夫战，勇气也”（杨伯峻，2009），《大戴礼记》《史记》《汉书》等古籍中皆沿用。《现代汉语词典》中的“勇气”一词兼顾勇的双重词性的词义，意思是“危急时刻敢作敢为、努力战胜困难的气概”（中国社会科学院语言研究所词典编辑室，2005）；勇气在《辞海》中指“勇往直前的气魄”“敢想敢干毫不畏惧的气概”（夏征农，2002）。

语言是文化的重要载体，了解不同语言对同一概念的阐释，可以更准确地分析该概念的实质，故比较其他语言中勇气的词义，有助于把握中国文化背景下勇气的内涵。古希腊语 andreia 表示勇气，德语中含义为勇气的词是 tapfer 和 mutig。在英语中，与勇气对应的基本词汇有三个，分别是 courage、valor 和 braveness。其中，最全面地表达了勇气的含义、与人们理解的勇气最为贴近的是 courage。courage 源自古法语 corage 或 curag，其拉丁词根是 cor，表示 the heart（内心）的意思。《牛津高阶英汉双解词典》中，勇气是指一种做危险的事情或面对痛苦和反对时不表现出恐惧的能力（霍恩比，2005）；《柯林斯高阶英汉双解词典》对勇气的解释是，人们在决定做某些困难或危险的事情时展现出的一种品质，即使它们可能会使人们感到恐惧（英国柯林斯公司，2008）。

尽管在不同语言文化背景下，勇气内涵的词汇学解释不尽相同，但仍有一些明显的相似之处可循。一方面，东西方文化中勇气的内涵都涉及人们面对困难、痛苦、反对、危险、压力等不利因素，并在积极克服这些不利因素的过程中展现勇气；另一方面，勇气被看成人们内心的一种力量、气魄或气概，这一点也得到了人们的普遍认同。

二、勇气的心理学界定

心理学研究者关于勇气概念的探讨大多源自亚里士多德和柏拉图的哲学思想。亚里士多德认为勇气是一种在恐惧情境中行为得体的品质（亚里士多德，2003），柏拉图则提出忍受恐惧的能力是检测勇气的内部标准（柏拉图，1986）。目前，对勇气的界定大致可分为特质和行为过程两种取向。

（一）特质取向

特质取向的勇气界定包含美德、意志品质、能力三类。例如，持“美德说”的 Peterson 和 Seligman（2004）将勇气看成人类六大核心美德之一，包含勇敢、坚持、正直和活力四项性格优势。同样，Lopez 和 Snyder（2011）也认为勇气是个体自愿面对危险，努力追求目标的一种美德。又如“意志品质观”，《心理学大辞典》将勇气定义为一种意志品质，表现为在危急时刻不顾自身利益，甚至牺牲生命、挺身而出、战胜困难、排除障碍，实现既定目标（林崇德等，2004）。再如“能力说”，Woodard（2004）提出勇气是个体出于善意而做出行为的一种能力，这种能力可以抵御内心的恐惧情绪。

（二）行为过程取向

与特质取向定义的支持者相反，坚持行为过程取向的研究者注重勇气的行为表现和动态过程，对勇气跨时间的连续性、跨情境的一致性则有所忽视（Kilmann et al.，2010；Rate et al.，2007）。其中，比较有代表性的行为过程取向定义是：重视行为表现的 Norton 和 Weiss（2009）认为勇气是尽管恐惧但仍坚定不移地行动，强调动态性的 Gruber（2011）主张勇气是为获得积极结果而对稳定系统做出改变的过程。

关于勇气的心理学界定，主要有三个问题值得注意。第一，前人研究分别从特质和状态两种视角提出了勇气的定义，但都只涵盖了勇气的部分特征和行为表现，能否整合双重属性来描述勇气的内涵仍需进行进一步探讨。第二，缺少描述具体、操作性好的界定，难以据此开展后续研究，研究结果也无法比较，所以应结合具体研究需要对勇气下操作性定义。第三，有些勇气的界定未必适合中国的文化、社会和历史背景，对勇气的界定需要立足具体的研究背景，尤其应注意研究对象生活的文化氛围、社会实际，例如，研究中国人的勇气，可以结合古籍分析、公众观调查、典型勇者传记分析等方式来考察人们对勇气的理解。鉴于以上三个问题，本书从中国文化视角，整合双重属性对勇气进行操作性界定，即勇气是指人在面对困难时表现出来的以坚守、进取、突破等为特点的一种心理品质。

第二节　勇气的分类标准

勇气在不同的文化背景下有着迥异的表现形式，本节要回答的问题是这一品格具有哪些具体的类型。中国传统文化以行为动机、行为价值、行为情境为分类标准，西方文化则关注行为内容、参照对象和行为领域三个分类标准。

一、中国文化对勇气的分类

（一）大勇与小勇

孟子根据勇敢行为的动机，将勇划分为“敌一人”的匹夫之勇和“一怒而安天下之民”的文王、武王之勇，即小勇和大勇（杨伯峻，1960）。孟子通过列举北宫黝之勇、孟施舍之勇、曾子之勇的事例，说明其贬低北宫黝的血气之勇，提倡如曾子的道德之勇，赞扬“大丈夫”为天下百姓谋福利、舍生取义、合于气节的大勇。孟子还将勇与“浩然正气”相联系，赋予了勇气这一概念更丰富的内涵，他眼中的勇气是一种刚正不阿的气节，也是一种“大丈夫”敢于担当的精神（王翠英，刘丽，2009）。

（二）上勇、中勇和下勇

荀子基于价值高低的标准，区分出人的上勇、中勇和下勇。荀子认为敢于捍卫中正之道，不畏强权、贫穷，兼济天下为上勇；礼貌谦让、重视诚信和人才、看轻钱财为中勇；轻视生命、追逐名利、逃避责任为下勇（王先谦，1988）。荀子依据对象不同，描述了猪狗之勇、商人盗贼之勇、小人之勇、士君子之勇，荀子蔑视前三种不分是非、贪图功利的勇，推崇重死持义的士君子之勇。

（三）渔父之勇、猎夫之勇、烈士之勇和圣人之勇

庄子在《庄子·秋水》中把勇气依照情境不同划分为四个等级：水行不避蛟龙的渔父之勇；陆行不避兕虎的猎夫之勇；视死若生者的烈士之勇；临难不惧的圣人之勇（杨柳桥，2012）。这四种勇气虽然都表现为在艰难困境下努力迎难而上、临危不惧，但渔父之勇、猎夫之勇、烈士之勇都是受形势、情境所迫，而非在通晓仁义道德、明辨是非善恶之后采取的勇敢行为，圣人之勇才是发自内心的从容不迫，顺应天命与自然的举动。

二、西方文化对勇气的分类

（一）身体勇气、道德勇气和心理勇气

May（1975）在《创造的勇气》（*The Courage to Create*）中根据内容差异将勇气分为四类，分别是身体勇气（physical courage）、社会勇气（social courage）、创造勇气（creative courage）和道德勇气（moral courage）。身体勇气涉及人们在战争中忍受艰苦和坚强的身体力量，社会勇气是一种与他人建立有意义关系的能力，创造勇气包含发现新事物、做出新发明来推进社会发展等内容，道德勇气能使个体感受与识别他人身处的困境。在 May 关于勇气分类的基础上，Lopez 等（2003）认为存在身体勇气、道德勇气和生命勇气（vital courage）三种不同类型的勇气。其中，生命勇气是指当个体面临身体或精神疾病时被激发出来的勇气，生命勇气最核心的特征是个体能够在遇到潜在心理障碍和情绪问题时接受关于自我的负面信息。与之相似的分类是 Putman（2004）将勇气分为身体勇气、道德勇气和心理勇气（psychological courage），其中，心理勇气主要指即使有损心理幸福感，个体也会主动承担相应的行为后果。此外，也有研究者将勇气分为身体勇气、道德勇气、公民勇气和智力勇气（Greitemeyer et al.，2006；Pillai，2011）。

（二）总体勇气和个体勇气

按照评价勇气所参照的具体对象，有研究者将勇气分为总体勇气（general

courage）和个体勇气（personal courage）。总体勇气是指与大多数普通个体相比，个体在某种情境下做出的行为都被认为是勇敢的，如战士视死如归的勇气；个体勇气则是与自身的极限相比，个体的行为表现是勇敢的，如害怕某种动物的个体能突破自己内心的恐惧而尝试接触这种动物（Pury et al.，2007）。

（三）职业勇气、宗教勇气、社会道德勇气和独立勇气

除了从内容和参照对象视角以外，还有研究者从勇气所涉及的实践领域整理出四种勇气类型：其一是工作或职业勇气；其二是爱国的、宗教的或基于信仰的勇气；其三是社会道德勇气；其四是独立勇气或基于家庭的勇气（Woodard，Pury，2007）。其中，爱国的、宗教的或基于信仰的勇气来源于《存在的勇气》（*The Courage to Be*）（Tillich，1952）中的本体论勇气。

关于勇气的分类，也有两个问题需要考虑。一方面，中西方研究者参照不同的标准对勇气进行了分类，但大部分只是停留在提出各自的分类观点上，而没有后续的实证研究提供支持，更无法为探索勇气的结构与设计勇气的测量工具服务。而且国内除了古代先哲的勇气归类思想外，现代研究者尚未提出具有影响力的勇气分类的主张。另一方面，这些分类也都是根植于研究者自身历史发展、文化氛围和社会状况的产物。譬如中国传统文化对勇气的分类，推崇大勇或上勇所具有的“仁义”“治国”“平天下”的崇高价值，强调他人、家庭、集体、社会、国家、天下的利益，对匹夫之勇、血气之勇之类的小勇则持鄙夷态度，反映出集体主义的文化取向；而西方文化中的勇气分类则注重对个体价值和福祉的关怀，追求勇气对个体实际生活的意义，反映出个体主义的文化取向。

第三节　勇气的理论解释

勇气如何产生？人们为什么会做出勇敢行为？以往研究者分别从勇气发生

之前怎样决策、发生过程中受哪些因素影响、发生之后如何评价三个角度寻找这些问题的答案，进而形成了勇气的决策理论、多因素模型以及评价理论，本节将对此展开论述。

一、决策理论

决策理论主要探讨在勇气产生之前，个体内心如何感受环境变化并权衡利弊做出决策。Petersen（2006）针对勇气的行为决策过程，提出包含“威胁—变化—决定—勇敢行为”四个环节的勇气决策理论（图 1-1）。这一过程中，个体可能面临来自身体、道德和生命等方面的威胁，进而引发情绪、处境、目标的变化；知觉到这些变化后，个体做出应采取行动的决定，最后实施勇敢行为。个体的勇敢行为不仅能带来即时的成就感及正直感，个体也能通过长期训练形成英勇无畏的精神。该决策理论着眼于勇敢行为发生之前的一系列决策过程，个体以应对威胁为出发点，以获得积极的心理体验为目的。

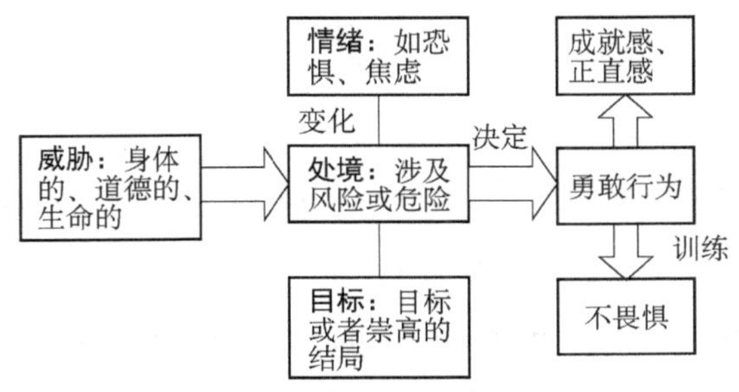

图 1-1　勇气决策理论

Osswald 等（2012）选择了最具代表性的道德勇气进行探索，发现已有勇气决策理论并不能详尽地解释道德勇气的特殊性，进而提出了一个针对道德勇气的决策模型，如图 1-2 所示。该模型认为道德勇气的出现遵循意识到某事件—紧急意识—自我责任归因—实践道德勇气的技能—决定实践道德勇气的发展路径。即个体首先意识到某事件出现需要道德勇气，之后体验到这种情况的紧急性，做出自我责任归因，并在评估自身技能水平后实践勇敢行为。在道德勇气发生之前，情况可能十分紧急，并充满危险和不确定性，需要个体迅速做出反应。在道德勇气决策的五个阶段中，个体可能会受到有利因素和阻碍因素的双重影响。与 Petersen 的决策模型相比，这个决策模型不但细化了道德勇气的发生阶段，而且增加了道德勇气的有利因素（自我效能感、同情、愤怒等）和阻碍因素（责任分散、多方位的忽视等）。

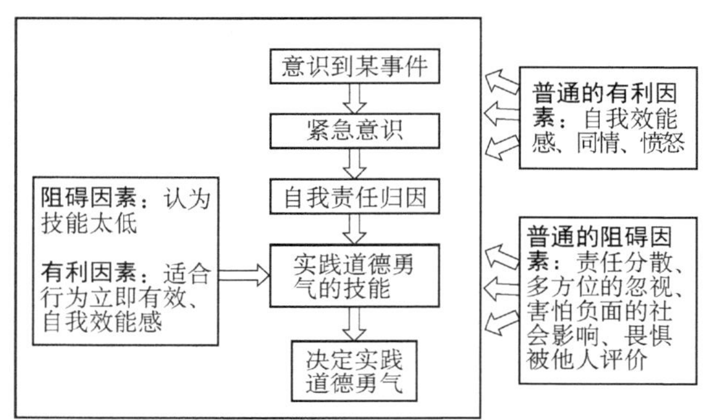

图 1-2　道德勇气的决策模型

二、多因素模型

另一些研究者关注勇气在产生过程中受哪些因素制约，认为勇气是多种因素共同作用的结果，并试图建立复杂的多因素模型。例如，Hannah 等（2007）提出了勇气主观体验（Subjective Experience of Courage，SEC）模型，如图 1-3 所示，该模型解释了个体差异和社会压力如何影响勇气的主观体验。SEC 强调社会力量、积极特质、积极状态、价值观或信仰四个因素对勇敢行为发生过程的影响。具体而言，社会力量（如社会认同、凝聚力）既能减少个体因知觉到风险而引发的恐惧体验，同时也能增加个体做出勇敢行为的可能性。个体的积极特质（如责任心、经验的开放性）、积极状态（如自我效能、状态希望）、价值观或信仰（如忠诚、无私）在勇敢行为发生过程中也起到相似的促进作用；反过来，勇气的主观体验也会影响价值观或信仰以及积极状态。

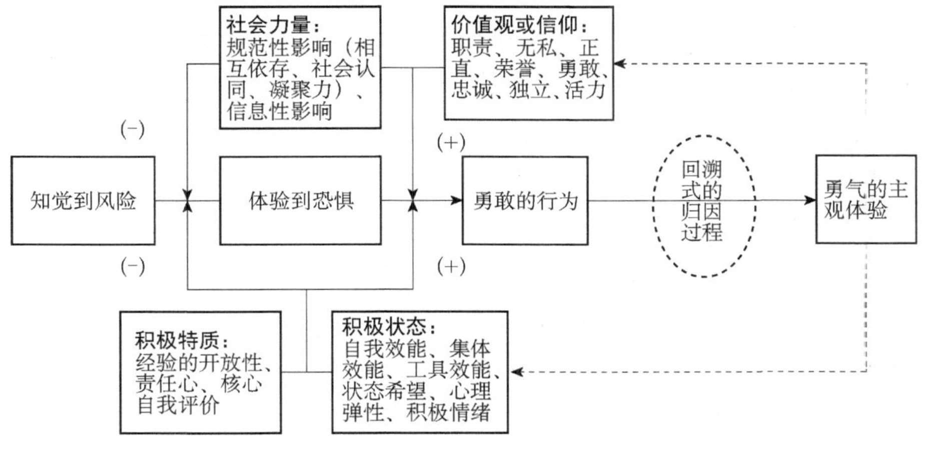

图 1-3 勇气主观体验模型

Rate（2007）从另一个视角整合了勇气的影响因素，建构出勇气三环（Tripartite Levels of Courage，TLC）模型（图 1-4）。TLC 模型的内环部分是影响勇气的核心因素，包括外部环境、指向超越的动机、意志力；中环部分是影响勇气的偶然因素，包括情绪情感和认知过程；外环部分是影响勇气的外围因素，如人口统计学变量、偏见等。虽然 TLC 模型将勇气的影响因素按相关程度分为三个层次，但不同情境下各因素与勇气的相关度可能存在变化，是否仍可如此划分值得商榷。考虑到勇气产生的情境变化，Gruber（2012）立足于更加宏观的视角，提出勇气的发生过程同时受到认知、行为、环境三个因素的相互作用。

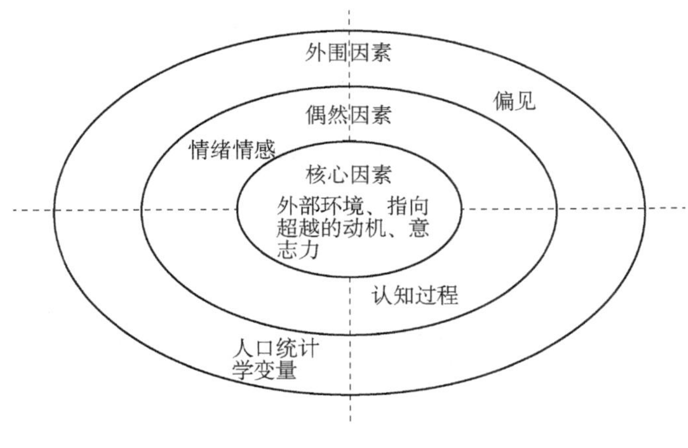

图 1-4 勇气三环模型

SEC 模型和 TLC 模型都是从整体上考察勇气受哪些因素影响的，而 Harbour 和 Kisfalvi（2014）提出了一个探索性的、被应用于管理学领域的勇气多因素模型（图 1-5）。该模型将情感控制和情绪强度作为两个坐标轴来探讨管理勇气，竖轴是情绪强度，横轴是情感控制。充满困难和风险的管理环境影响着人们的情绪强度，道德判断、自信等个人背景因素制约人们的情感控制水平。据此模型的横纵轴，可区分出管理勇气的四个子类，即缺少勇气、存在的勇气、行动的勇气、无需勇气。具体地讲，当人们体验到中等强度的负面情绪，并且能够高度控制这种情绪时，就会出现行动的勇气；缺少勇气出现在人们体验到高强度的负面情绪，但控制此种情绪的水平太低的情况下；无需勇气则是在人们较少体验到紧张、焦虑情绪，并能够很好地控制这种情绪的时候发生；如果人们体验到高强度的负面情绪，但只能对此种情绪进行中等程度的控制，就会出现存在的勇气。

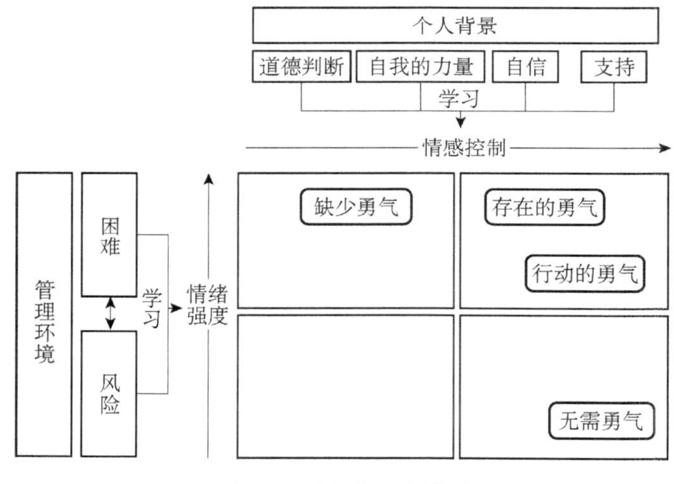

图 1-5　勇气多因素模型

三、评价理论

勇敢行为发生之后，弄清个体对他人勇气的看法也是帮助人们理解勇气的一种途径。在通过这一途径阐述勇气的理论中，最具代表性的是 Rate 和 Sternberg（2007）的勇气评价理论（图 1-6）。该理论中的勇气评价过程大致如下：行为者或行动—观察者感知—关注勇气的要素—勇气要素的重组—观察者评价勇气水平。也就是说，观察者先知觉到某一行为者或行为，继而将该行为的各个成分进行分解，得到行为的许多要素，然后观察者对这些要素进行重组，最后观察者判断出该行为是否包含勇气及其水平的高低。勇气评价理论系统地描述了个体对他人勇气的评价过程，深化了人们对勇气评价的进一步认识。

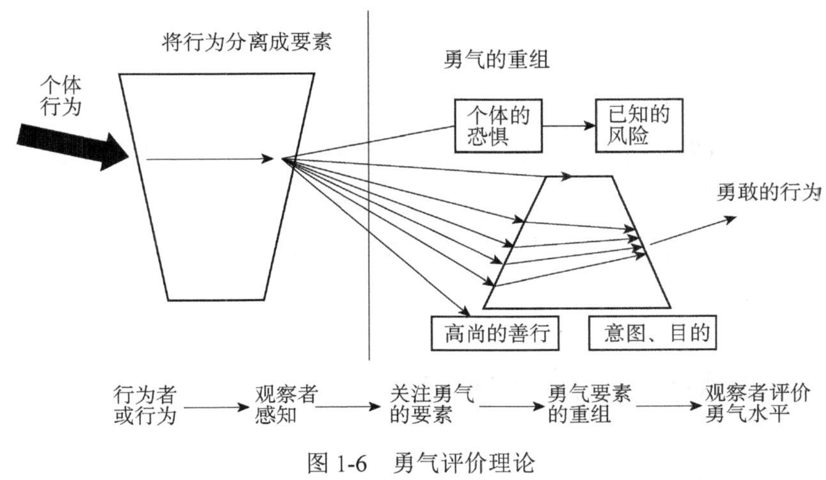

图 1-6 勇气评价理论

通过比较可知，决策理论、多因素模型、评价理论三者之间不仅存在逻辑上的连续性，而且存在部分交叉论点。决策理论侧重勇气发生之前的行为决策，多因素模型着重分析影响勇气的各种因素，评价理论则关注个体如何评价他人的勇气。三者分别从勇气发生、发展中受因素制约到评价行为结果三个阶段来解释说明勇气，具有良好的内在逻辑性。当然，三者在理解勇气时难免会涉及威胁、恐惧情绪、行为过程等相似因素，如 SEC 模型既强调了制约勇气的积极特质、积极状态、社会力量等因素，也考虑了勇气出现的行为过程。但更值得研究者进一步思考的是，在汲取各种勇气理论解释的合理部分的基础上，如何将其进行整合以发展出适用性更广的理论模型。总之，研究者分别从勇气发生之前怎样决策、发生过程中受哪些因素影响、发生之后如何评价三个角度建构了一些解释理论，可为后续勇气测量工具的编制提供一定帮助。其中，多因素模型考虑了一些影响个体做出勇敢行为的因素，特别是动机、意志力等要素，能对下一步探寻勇气的内在结构有所启发。另外，评价理论详细阐述了个体评价他人勇气的心理过程，对设计他评勇气问卷有一定参考价值。

第四节　勇气的测量工具

勇气的内部结构如何？怎样测量勇气？前期理论建构为勇气的结构探索和问卷编制提供了一些参考。本节将论述各种测量勇气的问卷，其中具有代表性的是伍达德-普瑞勇气量表、优势行动价值量表、诺顿勇气问卷、运动勇气量表和工作勇气量表。

一、伍达德-普瑞勇气量表

Woodard（2004）编制出了包含31个题项的个人观念调查（Personal Perspectives Survey，PPS）问卷，其四个维度分别是积极结果的忍耐力、团体交往、独自行动、打破社会常规，各维度的内部一致性系数依次是0.80、0.80、0.73、0.68，该问卷具有中等程度的相容效度和区分效度。Woodard和Pury（2007）重新修订了PPS，得到了包含23个题项的伍达德-普瑞勇气量表（Woodard Pury Courage Scale，WPCS）。该量表包含职业勇气、身体勇气、社会道德勇气和独立勇气四个维度。被试要从1=“非常不同意”到5=“非常同意”对每个题项进行情境判断，还要从1=“几乎不害怕”到5=“非常害怕”评价恐惧情绪。WPCS的Cronbach's α 系数为0.68。与PPS相比，WPCS的题项减少，信度有所下降，是样本差异所致还是勇气涵盖的内容不同所致、问卷的实证效度如何等问题都有待验证。

二、优势行动价值量表

Peterson 等（2004）编制的优势行动价值量表（Values in Action Inventory of Strengths，VIA-IS）测量了包含勇气在内的六项核心美德。VIA-IS 从勇敢、坚持、正直和活力四个维度解释勇气，共包含 40 个题项，每个题项得分为从 1=“一点儿也不像我”到 5=“非常像我”。VIA-IS 中勇气美德的 Cronbach's α 系数大于 0.70，4 个月后的重测信度超过 0.70。VIA-IS 一经问世，许多非美籍研究者纷纷对该量表进行信效度检验。Otake 等（2005）对日本人群进行检验，发现日文版的 VIA-IS 具有很高的适用性。另一个团队编制并验证了德文版 VIA-IS 在德国被试中的普适性，结果得出四个分量表都有较高的可靠性（Ruch et al.，2010）。而在中文版 VIA-IS 的修订过程中，研究者发现，较大的文化差异使勇气美德量表的适用性不高（杨鲁静，2011；贾文倩，2015；Duan et al.，2012，2013），这种不一致的情况也出现在了印度和非洲样本中（Singh，Choubisa，2010；Khumalo et al.，2008）。考虑到青少年群体的特殊性，Park 和 Peterson（2006）后续发展出 10～17 岁人群的青少年优势行动价值量表（Values in Action Inventory of Strengths for Youth，VIA-Youth），该量表共 198 个题项，包括六个分量表，各分量表的内部一致性系数均在 0.65 以上。

三、诺顿勇气问卷

Norton 等（2009）编制的勇气问卷（Courage Measure，CM）仅包含一个维度，即尽管经历恐惧，仍坚持不懈地勇往直前。该问卷包含“我倾向于克服遇到的恐惧”“尽管很害怕，我也不会退缩”等 12 个题项，每个题项得分为从 1=“从不”到 7=“总是”，总分越高，代表勇气水平越高。CM 的 Cronbach's α 系数为 0.92，三周后的重测信度为 0.66。中等水平的重测信度、数量相对较少的题项，反映出用单维度问卷测量内涵复杂的勇气可能存在一些不稳定性。

四、运动勇气量表和工作勇气量表

前面三个勇气测量工具都是从整体上测量人们的勇气水平，而有些量表则用于测量特定领域的勇气。例如，Konter 和 Ng（2012）以专业运动员为被试，编制出运动勇气量表（Sport Courage Scale，SCS），该量表包含决心、精通、信心、冒险、自我牺牲行为五个维度，共 31 个题项，采用 5 点计分。除自我牺牲行为分量表的 Cronbach's α 系数是 0.61 外，其他四个分量表的 Cronbach's α 系数都大于 0.72；各分量表的重测信度分别是 0.73、0.77、0.67、0.74、0.62，总量表的重测信度为 0.82。又如，Schilpzand（2008）专注工作场所的勇气，开发了该领域职工的个人勇气量表（Personal Courage Scale，PCS）。PCS 包含身体勇气、社会勇气、创业勇气三个维度，共 15 个题项，采用 5 点计分。多次测量的 Cronbach's α 系数均在 0.80 以上，重测信度接近 0.70，其结构效度和汇聚效度也很高。

纵观上述勇气测量工具的研究，有两个重要问题无法回避。一是结构上的单维与多维之争。如前所述，既有研究者视勇气为单维结构，也有研究者认为勇气包含四个维度或五个维度。虽然单维结构的勇气问卷具有精简、耗时短、高表面效度的优点，但就勇气这一内涵极为丰富的心理特质而言，多维度、多层次的结构似乎更为稳妥。二是文化差异导致问卷效度存在不少问题。例如，研究者在不同版本的 VIA-IS 修订过程中考虑了文化差异因素的影响，但都未能跳出原始量表最初设定的框架，只是在命名上有些差异（Shryack et al.，2010）。VIA-IS 根植于美国个体主义文化氛围，用勇敢、坚持、正直和活力四项性格优势测量勇气未必适合长期生活于集体主义文化背景中的群体。尽管国内个别研究者在勇气测量的本土化方面做出了一些努力，但也未能很好地解决这个问题。如吴沙（2009）编制的大学生勇气问卷（一般勇气和个人勇气两个维度）以及李林兰（2009）编制的中国人勇的心理量表（大义之勇、智慧之勇、自信之勇、宽容之勇四个维度）。前者的维度构想借鉴了 Pury 和 Kowalski（2007）的勇气分类理论，后者汲取了中国古代文献对勇气的看法，这些研究比单纯翻译或修订国外的问卷更能反映出中国人的勇气的实际状况。但国内这两个量表所选取的研究对象都以大学生为主，并不能完全代表中国人这一总体，测量出的结果可能存在偏差，尤其不适用于处于生长发育期的青少年群体。

第五节　勇气的影响因素

哪些因素能够增进个体的勇气？又有哪些因素会减弱个体的勇气？本节将回顾研究者用上述测量工具初步探索出的勇气的影响因素，目前主要涉及年龄与性别、正强化以及恐惧、焦虑和愤怒情绪、外倾性、开放性人格等因素对勇气的影响。

一、年龄与性别

Szagun（1992）最早发现了年龄对勇气的影响，对三个年龄段（5～6岁、8～9岁、11～12岁）的儿童进行了横断研究，结果表明，不同年龄段的儿童对勇气有不同的看法，年长儿童似乎越来越倾向于认为勇气是心理层面的（Szagun，Schäuble，1997）。在性别差异上，当个体面对需要拯救处于生命危险状况下的个体等情境时，男性比女性报告出更多的勇气（Becker，Eagly，2004）。Pury等（2007）的研究发现，男性对一般勇气的评价高于女性，但男性与女性对个人勇气的评价无显著差异。

观察日常生活现象，可以推断年龄这个变量对勇气的影响规律确实存在。处于成长阶段的儿童，最初感受到身体方面的勇气，随着思维、信念的逐步形成，抽象的道德勇气、心理勇气才得以发展，这种成熟可以解释勇气的年龄差异。性别对勇气的影响因危险情境类型的不同而不同，这种不同可从进化的角度得到解释，男性具有发达的体格、外出狩猎的习惯、尚武的性别角色，比女性更容易面临身体方面的危险，导致拥有更高水平的身体勇气。

二、正强化

一些研究者探索了正强化对勇气的影响，例如，Greitemeyer 等（2007）通过给被试播放不同内容的视频来研究公民勇气，结果发现观看与激发勇气相关的视频的实验组比控制组的公民勇气水平显著提高。另一项研究也证明，接受了道德教育课程的实验组比没有接受任何操作的控制组的道德勇气水平提高更多，且前者显著高于后者（May et al.，2014）。Whittington 和 Mack（2010）开发了利用正强化手段培养女孩勇气的项目，并证实参加这些项目的 100 名女孩的勇气水平确有显著提高。上述结果似乎证实了通过正强化激发勇气的积极效果，而负强化、惩罚等其他因素对勇气是否也存在相似或相反的作用，还需要进行深入探究。

三、恐惧、焦虑和愤怒情绪

人们的日常行为总是受不同情绪的制约，研究者也注意到某些情绪可以影响勇气。Pury 等（2007）的研究表明，在实施勇敢行为的过程中，个体的恐惧与勇气类型存在显著交互作用，即感受到恐惧的被试对一般勇气的评价低于未感受到恐惧者，而对个人勇气的评价却相反。这一研究结果与早期研究者（Peterson，Seligman，2003）通过对比“9・11”事件前后人们的恐惧情绪对勇气的影响所得的结论高度一致，但也有反对者，如 Becker 等（2004）认为恐惧不是诱发勇气的重要因素。除了恐惧以外，焦虑、愤怒也能对勇气发生作用。Muris 等（2010）通过自我报告和父母评价两种方法发现儿童的焦虑症状与勇气呈负相关。而个体的愤怒情绪与勇气呈正相关，能够增进道德勇气的爆发（Niesta et al.，2010）。由此可知，个体不同情绪对勇气的影响存在差异，即使是同一种情绪，对勇气的影响也不同。情绪与勇气之间关系的性质及强度大小可能受个体心理控制类型、共情能力等因素的调节，相反，情绪也可能被勇气唤起。

四、外倾性、开放性人格

不仅情绪与勇气有关，人格也是影响个体勇气的重要因素。上面提到的Muris等（2010）的研究还发现，大五人格中，外倾性、开放性与勇气呈正相关。如果具体到道德勇气这种类型上，大五人格中，只有开放性与道德勇气有显著相关（Osswald et al.，2012）。这两项研究中，外倾性人格与勇气的关系不同，可能是由被试群体的年龄差异造成的，也可能是测量工具的差异所致。除了外倾性、开放性人格外，乐观、自强、自尊、自立等其他人格因素对勇气的影响也值得进行进一步研究。

本 章 小 结

纵观上述关于勇气的文献脉络可知，前人在勇气的定义、分类、理论、测量及影响因素等方面取得了不少有益的成果，但仍处于研究初期，迫切需要进行更加深入的探讨。例如，由于对勇气概念理解的差异，部分研究结论未必适合中国的文化、社会和历史背景；各种勇气理论与后续测量研究有些脱节；勇气的认知神经机制领域几乎空白；探讨勇气的影响因素和功能的研究大多停留于相关层面，不能很好地应用于勇气的培养。因而未来研究可从以下四个方面加以改进。

第一，根据具体研究需要对勇气下操作性定义。现有30多种勇气的学术定义，大多是宽泛的词义性定义，如研究者将勇气界定为一种介于胆小怯懦和鲁莽自负之间的性格优势（Graafland，2010）。操作性定义需要立足具体的研究背景，尤其应注意考察被试所生活的文化氛围、社会实际，例如，研究中国人的勇气，可以结合古籍分析法和公众观调查法来考察人们对勇气的理解。

第二，借鉴勇气的结构理论，编制有效的测量工具。研究者从勇气的决策、过程及评价三个角度建构了较成熟的理论模型，可为后续测量提供一定帮助。其中，评价理论详细地描述出个体评价他人勇气的心理过程，对设计他评勇气问卷有一定作用，可以克服 WPCS、VIA-IS、SCS 等勇气自评量表的局限性。另外，有些群体因长期生活或工作于特殊环境，其勇气水平与其他群体可能有所差异，故针对军人、领导者、创业者、科学工作者等群体的测量工具需要进行进一步开发。

第三，加强勇气的认知神经机制研究。勇气的心理学研究尚处于初期，勇气出现的部分情境难以模拟或再现，导致关于勇气认知神经机制方面的研究相当少，暂时无法明晰勇气的生理基础。仅一项针对怕蛇者的功能性磁共振成像（functional magnetic resonance imaging，fMRI）研究表明，大脑膝下前扣带回（subgenual anterior cingulate cortex，sgACC）和右颞极（right temporal pole，rTP）的活动与勇气有关（Nili et al.，2010），此研究只是通过评定克服恐惧的程度，间接测量被试的勇气水平，未能直接分析与勇气相关的脑活动。勇气的发生过程是一种比较复杂的心理现象，可能涉及多个脑区的共同激活，所以，探究勇气的脑机制也是未来研究的一个重要方向。

第四，更多地探讨勇气的影响因素及交互作用。真实情境中，勇气的表现形式灵活多样，促进或阻碍勇气发生的因素复杂多变，因素之间还可能存在交互作用，正如个体的人格特点常常影响其在特定情况下的情绪，人格和情绪因素对勇气的不同影响之间就可能存在交互作用。但当前大多数研究都只围绕某一个变量展开，且偏重于问卷调查法，难以为当今教育实践中勇气观的培养提供指导。因此，未来研究需要立足于当今勇气的教育实际，使用多种研究方法来证明不同因素与勇气的因果关系以及各种因素之间的相互作用机制，为教育工作者培养具备勇气品格的人才服务。

最后需要指出的是，本书中的勇气是健全人格理论（perfect personality theory）体系的重要组成部分，该理论体系包含三个层次：最里层是正确的价值观，幸福进取者必须抱有正确的价值观来区分好坏、美丑、益损、正确与错误；第二层是积极的自我观，幸福进取者能够悦纳自己，不依赖他人，对自己有信心，能反省自己，自强不息；第三层是优秀的心理品质，幸福进取者还应热爱学习，追求理想，怀有仁德之心，勇气则属于优秀的心理品质这一层次（黄希庭，尹天子，2016）。接下来的章节将从中国文化、历史和社会实际出发，整合质的和量的研究方法，深入探讨健全人格理论体系中勇气的心理结构、测量指标、发展特点、与自我的关系、积极功能、脑神经机制和养成教育。

第二章

勇气的心理结构

勇气是中华民族难能可贵、经久不衰的精神动力，为个体获得成功事业和幸福人生提供了人格保障。本章通过质性研究方法，考察古籍中历史先哲、现代中国大众关于勇气的看法，并分析典型勇者吴宓的人格特征，采用深度访谈法发掘构成勇气的核心要素，建构中国化的勇气结构模型。

第一节　历史先哲的勇气观

中国传统文化博大精深，从古籍中发掘中华民族历史先哲的优秀品格，是人格研究中国化的一项基本内容。“勇”是一种敢作敢为的意志品质，与仁、智一起被列为理想人格的组成部分，在中国人的人格体系中居于重要地位。基于“勇”在中国人人格体系中的地位的重要性，本节通过检索大量古代典籍，探究历史先哲对勇气的论述，初步构建中国人“勇”的语料库，归纳中国传统文化中“勇”的内涵、类别和功能。

一、研究方法

（一）语料来源

语料来自汉籍检索数据库。具体检索手段有三种：以“勇”为关键字进行单字检索；以“勇气”“勇敢”“英勇”等为关键词组实施检索；以“怯”“懦”“弱”等反义词进行反向检索。

（二）语料简化

对原始资料进行简化的标准有三个：一是删除语义为姓名、注音用语、官衔名、士兵的语料，姓名如“命成国公朱勇”（顾炎武，2012），注音用语如“巩，居勇切”（陈宏天，2007），官衔名如“帅兵官改为天武、神勇、宣武、虎翼四都头”（周宝珠，陈振，2007），士兵如“不如乡勇一千”（王守仁，2011）；二是删除重复的和不以“勇”为主题的表述，重复的如“折而不挠，勇也”（王先谦，1988），非“勇”主题的如“词源壮、笔勇助溪”（唐圭璋，1999）；三是通过检核原文对表述不明确或不完整的语料进行补充和修订。

（三）语料库形成

经过简化整理之后，形成了正式的勇气语料库（附录 1），检索文献分布情况如表 2-1 所示。汉籍检索数据库涵盖的文献总数为 830 部，检索到含有“勇”的文献共 427 部，总检出率为 51.4%。其中，经类有 20 部，史类有 132 部，子类有 217 部，集类有 58 部。经整理后，语料检出结果共 836 条，包括经类 160 条、史类 220 条、子类 252 条、集类 204 条。“勇”出现频率较多的是在史书和诸子论著中，尤其是史书中的军事领域以及儒家论著中的道德领域。

表 2-1 “勇”语料库检索分布情况

总类	文献总部数	含“勇”的文献部数		检出率（%）	检出结果条数
经	23	20	十三经（11） 经注疏（9）	87.0	160
史	214	132	正史（26） 别杂史（85） 编年史（9） 传记（12）	61.7	220
子	429	217	周秦诸子（27） 儒学（19） 兵书（14） 小说（119） 医家（2） 杂学（36）	50.6	252
集	164	58	总集（12） 别集（46）	35.4	204

（四）内容分析

参照胡金生和黄希庭（2009）及尹华站等（2012）的研究程序，对语料逐条进行内容分析，具体包括：首先建立类目，通过集体讨论的形式，由三名古代汉语专业硕士研究生对语料库进行初步分类；其次将分析单元进行归类，分析单位是以“勇”为主题的语句，对于难以确定含义和归类的个别语料，请教古汉语研究专家后再做出决定，最终将836条语料全部从内涵、类别、功能三个方面进行了归类；最后计算信度，先求出三位归类者之间及其与研究者的相互同意度，然后根据杨国枢等（2006）的信度公式，依次求出归类者信度和研究者信度。

二、研究结果

（一）勇气的内涵

古人从不同角度描述了“勇”是什么，归结起来，“勇”的内涵大致包含以下六个方面（表2-2）。在身体方面，“勇”表现为在战场上威猛强悍、豪壮杀敌，如“勇，猛也”；在情绪方面，“勇”是一种临危不惧、处变不惊的气概，个体能做到“勇者不惧”（杨伯峻，1980）；在意志方面，“勇”是一种激发人们刚毅笃志、坚定不移的力量，如墨家认为“勇，志之所以敢也”（墨翟，2011）；《大广益会玉篇·力部》中把“勇”解释为“果决也”（顾野王，1987），遇到突发情况，能够果断行动、不拖沓犹豫是“勇”在行为方面的体现；在道德方面，“勇”的含义是人们在仁义、是非面前，敢于牺牲自己的利益，并主动承担责任；人们真切地感知到自身的不足、某种自我突破及思想认识的创新，是“勇”在认知方面的表现，如“知耻近乎勇”（杨天宇，2007）。

表2-2　“勇”的内涵内容分析结果

类目	检出次数及比例	信度	实例
威猛强悍	362 （43.3%）	0.98 （0.97）	番番矫矫，勇也（《尔雅·释训》） 古者将战，先使勇力之士犯敌焉（《史记·周本纪第四》） 君子战虽有陈，而勇为本焉（《墨子·修身》） 勇，猛也（《广韵》）
临危不惧	104 （12.5%）	0.97 （0.98）	勇者不惧（《论语·子罕》） 夫勇者不避难（《史记·仲尼弟子列传第七》） 临大难而不惧者，圣人之勇也（《庄子·秋水》） 天下有大勇者，卒然临之而不惊（《苏轼·留侯论》）

续表

类目	检出次数及比例	信度	实例
坚定笃志	37 （4.4%）	0.99 （0.99）	勇者，刚之发（《四书章句集注·论语集注》） 其勇不疚于刑（《国语·晋语》） 勇，志之所以敢也（《墨子·卷十》） 持节不恐谓之勇（《新书·道术》）
果敢决断	67 （8.0%）	0.98 （0.99）	临事而屡断，勇也（《礼记·乐记》） 勇者见其断（《汉书·列传第三六》） 不疑之谓勇（《韩非子·解老》） 勇，果决也（《玉篇·力部》）
大义担当	109 （13.0%）	0.98 （0.98）	见义不为，无勇也（《论语·为政》） 知死不辟，勇也（《左传·昭公》） 立义以为勇（《孔子家语·好生》） 其有成仁死义之勇（《王阳明全集·悟真录之六》）
知耻革新	25 （3.0%）	0.99 （0.99）	知耻近乎勇（《礼记·中庸》） 勇于改为（《清史稿·卷九四》） 便勇决改之而已（《朱子语类·朱子十二》） 勇于惟新（《陆九渊集·与廖幼卿》）

注：表中检出次数为三位评分员都同意的次数，比例是指检出次数占语料总数的百分比，括号内的信度是以50%以上评分者共同归类为标准的研究者信度，括号外的信度是归类者信度，下同

（二）勇气的类别

古籍中，无论孟子、荀子，还是庄子对“勇”的分类，勇敢行为背后的伦理价值是古人划分“勇”的主要依据。符合民族大义、伦理道德、礼仪仁爱的“勇”属于价值较高的一类，备受传统文化推崇和赞赏；而出于一时意气、鲁莽猛动、毫无谋略、不计后果的“勇”，常被古人所鄙夷和不耻。对古籍中“勇”语料分类的结果和实例如表2-3所示。

表2-3 “勇”的类别内容分析结果

类目	检出次数及比例	信度	实例
血气之勇	247 （29.5%）	0.97 （0.96）	此匹夫之勇，敌一人者也（《孟子·梁惠王下》） 吾不欲匹夫之勇也，欲其旅进旅退也（《国语·越语上》） 牟牟然惟利饮食之见，是狗彘之勇也（《荀子·荣辱》） 诚知匹夫勇，何取万人杰（《全唐诗·卷一四一》）
义理之勇	457 （54.7%）	0.97 （0.96）	而进之以德义之勇也（《四书章句集注·中庸章句》） 重死持义而不桡，是士君子之勇也（《荀子·荣辱》） 所贵勇者，为其行义也（《吕氏春秋·当务》） 君子以心导耳目，立义以为勇（《孔子家语·卷二》）

（三）勇气的功能

按照影响范围的大小，古籍中有关“勇”功能的描述可归纳为社会和个体两个层面（表 2-4）。社会层面上，主要是“勇”对国家主权完整和社会秩序的影响，这种影响又有正向和负向之分。正向功能是维护国家安全、抵御外敌、治军之本，如“以威勇战，其国无敌”（韩非子，2007）；负向功能是危害社会安定、破坏礼仪秩序、滋生盗窃祸乱，如“好勇疾贫，乱也”（杨伯峻，1980）。个体层面上，强调积极入世的儒家视“勇”为天下之达德，是理想人格的三大标准之一，人格健全的勇者面临饥寒愁苦、穷达生死的严峻考验，能够保持公正立场、舍生取义、自强不息与肩挑大义的气概，使仁、智美德得以实现和展示。相反，主张无为出世的道家认为“勇悍果敢，聚众率兵，此下德也”（杨柳桥，2012），不赞成普通百姓好勇斗狠，过于勇猛可能会招致杀身之祸，百姓“勇於敢则杀，勇於不敢则活”（李耳，2006）。

表 2-4　“勇”的功能内容分析结果

类目	检出次数及比例	信度	实例
社会层面	344 （41.1%）	0.97 （0.95）	此谓以成智谋，以威勇战，其国无敌（《韩非子・饬令》） 君子有勇而无义为乱，小人有勇而无义为盗（《论语・阳货》） 周志有之，勇则害上，不登於明堂（《春秋左氏传・文公》） 孝子躯干小，勇气满九州（《杨维桢集・卷一》）
个体层面	360 （43.1%）	0.97 （0.95）	勇，文之帅也（《国语・周语》） 知、仁、勇三者，天下之达德也（《礼记・中庸》） 勇，天下之凶德也（《吕氏春秋・论威》） 勇悍果敢，聚众率兵，此下德也（《庄子・卷九下》）

三、分析讨论

华夏文明历经五千余载，中国人对“勇”的看法却是一脉相承的，可知“勇”蕴含悠长的文化传统渊源，故解析中国传统典籍中“勇”的心理学内涵、分类及功能是一项非常有意义的工作。古籍分析中，评分者信度和研究者信度系数均在 0.95 以上，表明此内容分析的可靠性很高。

（一）身体勇气占主导

语料库中，共有 362 条语料论及“勇”具有威猛强悍的含义，所占比例高达 43.3%。这一结果似乎提示，古人对身体力量方面的勇气颇为关注。相比于现代社会，古代中国战乱相对频繁，尤其是春秋战国、魏晋南北朝、五代十国等时期，拥有强大武力的王侯封建割据，造成了连绵不断的杀戮（晁福林，2009）。因而表现武力之勇的人物和事件不计其数，如力能拔牛角的孟贲、力能举重鼎的夏育、刺杀韩相侠累的聂政、武艺高强可敌万人的项羽。因此，古人对身体力量之勇的描述较多，符合当时的社会现实。

（二）义理之勇优先

另一个发现是在“勇”的分类中，有 457 条语料属于义理之勇，占总体分类的 54.7%。这一结果符合我们的预期，古人对仁义之勇、循理之勇、智谋之勇更为看重。众所周知，几千年来，中国的儒家文化思想占主导地位，其所倡导的仁、义、礼、智、信是个体为人处世的主要道德原则。勇气这一品格自然也必须遵循仁德、正义的原则，以国家、民族、集体的利益优先。例如，春秋时期，吴国勇士要离通过残身灭家取得公子庆忌的信任，最终得以成功刺杀庆忌，解除了吴王阖闾对庆忌窃国的忧虑（钱笠，2012）。像要离这种舍弃小我、顾全大我的仁德之勇备受后人推崇。相反，血气之勇、匹夫之勇、无谋之勇则遭到古人的谴责，常用以训诫后人不得做出如此不智、莽撞之举。

（三）勇气具有双重功能

关于“勇”的功能，古人持辩证的态度，既注意到了仁义的“勇”对社会和个体的积极功能，也论述了不适当的“勇”可能引发的消极后果。分析结果还表明，不管是积极意义还是消极意义，古人都强调“勇”在军事方面的影响。这种倾向的出现或多或少都与当时的社会历史背景有密切的联系，王侯将相依靠武力建立政权，战乱导致死伤不断，社会动荡不安，现实迫使人们无法忽视勇力的军事作用。

四、研究结论

对古籍的内容分析发现，历史先哲的勇气观主要涉及以下几点：第一，“勇”的内涵主要包括威猛强悍、临危不惧、坚定笃志、果敢决断、大义担当、知耻革新六个方面；第二，“勇”可大致分为义理之勇和血气之勇两类；第三，“勇”具有维护国家安全、优化个体人格等重要功能。

第二节　现代公众的勇气观

上一节回顾了古代历史先哲关于勇气的见解，那么，现代中国人的看法与其是否一致？为弄清楚这一点，本节立足于现代社会实际，开展大规模的勇气公众观调查，进一步探讨中国人对勇气的认识，以期发掘现代公众眼中的勇气成分。

一、研究方法

（一）研究对象

调查对象共 316 人，回收有效问卷 307 份。其中，男性有 151 人，女性有 156 人。包含中学生 86 人，其中男生有 39 人，女生有 47 人；大学生共 78 人，其中男生有 20 人，女生有 58 人；社会大众共 143 人，其中男性有 92 人，女性有 51 人。所有被试的年龄为 12～57 岁（M=23.99，SD=10.61），涉及的职业有学生、中学教师、公务员、一线操作工人、企业管理人员、超市收银员、个体户等。大学生和中学生被试采用在课堂上团体施测的方式，社会大众则采用团体施测和个别施测相结合的手段，所有问卷全部回收。每名被试在20分钟内填答完毕，并获得一支中性笔或一本笔记本作为礼物。

（二）研究工具

研究者自主设计了五个开放式问题：①您认为当下的社会生活中，勇气的含义是什么？②有些勇气主要是为了个体自身，而有些勇气主要是为了他人或集体，您认为这两种勇气分别有哪些表现？③如果一个人被认为是有勇气的，那么他/她应有哪些内在品质？④哪些因素可能增强或减弱您的勇气？⑤请您描述一次自己经历过的有勇气的行为，并具体描述当时的生理反应、情绪体验、行为动作。

（三）内容分析

在充分考虑相关文献、专家意见的基础上，确定每个题项的分类框架，之后请两名心理学专业的硕士研究生进行归类，归类时以完整的句子或词语为分析单元，统计时以归类次数为基本单位，最后进行归类信度计算。具体方法与上一节的内容分析方法一致，归类结果如表2-5所示。

二、研究结果

表2-5显示，现代人对勇气内涵的界定包括敢作敢当、坚毅顽强、突破创新三个要素。其中，敢作敢当涵盖果敢行动和承担责任两个子类。敢作敢当指人们在遇到危险、打击、压力等逆境时，敢于采取行动并对自己的行为后果主动担当。在被调查的中国公众中，把勇气理解成敢作敢当的占了48.7%。另一个要素坚毅顽强的意思是人们面对各种困难时永不放弃、奋战到底、坚决不动摇的气概，包含坚持不懈和刚正不阿两个子类，被提及的次数占了30%。第三个要素突破创新涉及个体突破自我、敢为人先等方面的内容，共占了21.3%。

表 2-5 开放式问卷内容分析结果

测查范围	信度	类目	子类目及其所占比例（%）		
勇气的含义	0.86	敢作敢当（48.7）	果敢行动（33.1）	承担责任（15.6）	
		坚毅顽强（30.0）	坚持不懈（12.8）	刚正不阿（17.2）	
		突破创新（21.3）	突破自我（13.3）	敢为人先（8.0）	
勇气的外在表现	0.92	个人取向（63.6）	挑战自己（52.9）	承认错误（10.7）	
		社会取向（36.4）	救助弱小（16.7）	舍身忘己（19.7）	
勇气的内在品质	0.89	意志品质（53.8）	坚持性（23.5）	独立性（10.2）	果断性（20.1）
		其他（46.2）	乐观自信（13.6）	正直真诚（17.3）	无私善良（15.3）
勇气的影响因素	0.90	增强因素（52.7）	社会支持（33.5）	积极情绪（3.6）	能力人格（15.6）
		减弱因素（47.3）	负面环境（31.9）	消极情绪（6.7）	失败经验（8.7）
有勇气的经历	0.91	生理反应（26.6）	面红耳赤（8.5）	发热出汗（6.2）	心跳加速（11.9）
		情绪体验（51.5）	紧张焦虑（25.8）	恐惧害怕（10.9）	激动兴奋（14.8）
		行为动作（21.9）	反应变快（11.9）	行动减缓（10.0）	

注：括号内数据为类目及子类目出现次数占总次数的百分比

关于在不同价值观、动机驱动下勇气的不同表现，结果发现，当勇敢行为的主要出发点是为了自己（个人取向）时，勇气常表现为挑战自己和承认错误两类，这种勇气占一半以上。例如，“在我心中，敢于放下面子对自己喜欢的人表白就是很大的勇气”。若勇敢行为的主要目标是维护他人、集体、国家的利益（社会取向），在危急情况下救助弱小、舍身忘己也是勇气的重要表现，这种勇气表现占总体的 36.4%。例如，“地震发生后，许多战士不惧余震危险，尽力挽救百姓的生命，就是很大的勇气”。

关于勇气的内在品质，53.8%的被调查者认为有勇气的个体多具有高水平的意志品质，如做人能持之以恒、保持自己独立的见解、遇事能当机立断等。除了具有高水平的意志品质以外，有勇气的人通常也会具有乐观、真诚、善良等其他优秀的心理品质。

表 2-5 归纳出了促进和阻碍勇气发生的主要因素。家人、朋友、教师等社会支持系统，快乐、轻松、开心等积极情绪，高智商、自强人格等能力人格都

能够增加勇气出现的概率，其中，社会支持（33.5%）所占比例最高。相反，负面环境、消极情绪、失败经验等因素则会减少勇气出现的可能性，而负面环境（31.9%）是被提及最多的阻碍因素。

表 2-5 的结果还说明，人们在回忆过去的勇敢行为时，出现最多的是关于情绪的记忆，占到了总体的 51.5%，其中，紧张、焦虑情绪最常出现。当勇敢行为发生时，个体也会伴随有面红、出汗、心跳加速等生理反应以及行为动作的变化。

三、分析讨论

每一个当代中国人也许对勇气是什么、有哪些外在表现和内在品质、受哪些因素影响、有哪些独特的勇气经历等问题都有不同的理解，但仍有一些共性可循。本次公众观调查的结果大体上反映出了当代中国人对勇气的基本看法。

（一）勇气内涵的古今比较

上一节通过对古典文献的检索与分析，梳理出勇气包含威猛强悍、临危不惧、坚定笃志、果敢决断、大义担当、知耻革新等内涵。本节开展了公众观调查，归纳得到勇气含有敢作敢当、坚毅顽强、突破创新三个要素。对比古今中国人对勇气的看法，发现古代和现代中国人都认为勇气的内涵可能包括坚毅、突破、担当三个主要成分。同时，中国人的勇气随时代演变而有所发展，其侧重点和外在形式发生了明显的变化。简而言之，中国人的勇气既传承了优秀的中华传统文化，又彰显出现代社会发展的特色。

1. 勇气内涵的传承性

关于勇气内涵的结果显示，现代中国人所理解的勇气内涵与古人的看法一脉相承。勇气内涵的要素一敢作敢当所占比例最高，蕴含大义担当、豪壮杀敌的意思，这与古人所说的“知死不辟，勇也”（杨伯峻，2009）、“番番矫矫，勇也”（郭璞，2015）相吻合。要素二坚毅顽强是指个体遇到挫折时坚持不懈，面对诱惑时正直不邪，与古籍中的“勇者，刚之发”（朱熹，1983）、“不疑之谓勇”

（韩非，2007）所描述的刚毅笃志、刚正不阿、果敢决绝也一致。要素三突破创新则占了 21.3%，涉及打破常规、推陈出新、突破自我、超越极限、战胜恐惧等内容，这也非当代中国人独有，古代先哲的不少论著中也提出敢于尝试创造、突破内心恐惧亦是一种勇气，如“勇于惟新”（陆九渊，1980）、“临大难而不惧者，圣人之勇也”（杨柳桥，2012）。比较古籍分析中“勇”的内涵和现代公众观调查中勇气的内涵，发现古籍中“勇”的坚定笃志、果敢决断的含义涉及坚毅顽强这一要素；临危不惧、知耻革新的含义则体现突破创新这一要素；大义担当、威猛强悍大致可被纳入敢作敢当这一要素中。归结起来，中国古典文献和现代公众眼中的勇气都包含坚毅、突破、担当这三个要素。

传承意义的另一个表现为“勇”的内涵背后对价值立场的坚守。不论古人还是今人，皆称赞捍卫民族大义、果敢理性之勇，鄙夷出于一时意气的莽撞冲动、剽悍无谋之勇。譬如古人认为，“所贵勇者，为其行义也”（吕不韦，2007），同样，现代作家郁达夫也指出，“勇者并不是蛮勇之谓，凡见义不为非勇”（吴秀明，2008）。当今社会表彰见义勇为的先进分子，宣传其英勇事迹，建立“中华见义勇为基金会”等现实举措，都证明了中华民族提倡义理之勇的延续性。同时，这种文化传承在“勇”的内涵要素方面也有所体现。古籍中“勇”的豪壮杀敌、投身为义、临危不惧、果敢决断等内涵被反复提到，现代思想家在论及“勇”的内涵时也持类似的观点。前两种含义如鲁迅（2006）在国难当头时发出“真的猛士，敢于直面惨淡的人生，敢于正视淋漓的鲜血”的呐喊。临危不惧、果敢决断之勇，即每临大事时能从容不迫，并与深思决断为伍（于丹，2006）。当下人们都把“勇”视为在面对困难、危险等情境下所表现出的敢作敢为、维护正义、从容果敢、处乱不惊的气概，足见“勇”在内涵上的传承性。

2. 勇气内涵的发展性

在继承传统的基础上，中国人的勇气也表现出了一些有别于传统的独特之处。古籍中“勇”的内涵检出次数居于首位的是威猛强悍，表明古人相当看重豪壮杀敌的身体之勇。而在现代知识社会背景下，人们更为关注“勇”的突破创新、坚守真理等内涵，这些内涵侧重点的变化即“勇”具有现代意义的例证，现代意义上的“勇”主要表现为创新之勇、坚守之勇、独立之勇、放弃之勇。具体而言，中共十一届三中全会提出改革开放的基本国策，八次大规模的教育创新改革政策，这些都是创新之勇在国家政策层面的印证。坚守之勇就像刘少奇（2002）曾呼吁年轻人要“理直气壮，永远不怕真理，勇敢地拥护真理”。独立之勇正如蔡元培（2012）所主张的“勇敢之最著者为独立，独立之要有三：一曰自存；二曰自信；三曰自决”，这与党的十八大提出的“道路自信、理论自信、制度自信”所代表的精神独立之勇一致。敢于放弃名利，坚决抵御诱惑，在现实社会中，亦是一种难能可贵的“勇”，正如三毛（2003）所写的“坚持自己该做的事情，是一种勇气；绝对不做那些良知不允许的事，是另一种勇气”。上述改革创新、坚忍不拔、独立自主、敢于放弃的精神被弘扬（陈立胜，2008），很大程度上与现代社会尊重知识、追求真理、崇尚个性、反腐倡廉等现实是相互联系的，同时也反映出当今时代的价值取向。

（二）勇气分类的古今共通性

关于勇气的外在表现分类，调查结果是现代公众观念中，勇气可分为个人取向和社会取向两种，这似乎与前期古籍中将其分为血气之勇与义理之勇的结果有些出入。义理之勇与社会取向勇气的含义大部分相吻合，都指向人们为了国家、民族、集体的利益表现出坚毅顽强、大义担当、突破创新的气概。然而，血气之勇与个人取向勇气却有所不同。虽然两者都指向个体，但需要说明的是，在古人眼中，血气之勇、匹夫之勇、无谋之勇等因常伴有冲动鲁莽的行为和恶劣的后果而受到鄙夷，现代公众认为的个人取向勇气则尊重个体为满足合理的利益需要和理想追求而努力奋斗进取的精神，这种勇气同样被赞赏。中国人从血气之勇到个人取向勇气的这种转变可能与其受近代以来西方个体主义文化价值观的输入有关，现代中国逐渐重视个体的独立性和价值（杨国枢等，2008）。另一个值得注意的结果是个人取向勇气被提及的比例远高于社会取向勇气。按照大众的理解，中国文化属于集体主义文化，中国人的社会取向思想主要表现为公我、大我优先的价值观（杨中芳，2009a），社会取向勇气似乎应占更大的比例。然而，出现这种有悖于预期的结果也是合理的，原因在于在现实情境中，社会取向勇气大多涉及驰骋沙场、保家卫国、维护正义、捍卫真理、改革创新等壮举，个人取向勇气则与突破自我、知耻改过、大胆尝试、勇往直前等生活细节有关，前者出现的频率少于后者。

（三）勇气性质的古今延续性

此外，超过一半的被调查者将勇气描述成一种意志品质，提到坚持性、独立性、果断性等内涵。例如，“在我看来，勇气可以被看作一种意志力，坚持不懈地追求目标”。这一结果与特质取向对勇气的界定相吻合，如“一种面对艰难抉择、克服恐惧的意志力”（Clancy，2003）。中国大众把勇气与意志品质联系在一起的观点，也能在传统文化中找到根源，如“勇，果决也”（顾野王，1987）、“折而不挠，勇也”（王先谦，1988）。

四、研究结论

此次勇气公众观的开放式调查得到以下结论：其一，当代中国人的勇气主要包含敢作敢当、坚毅顽强、突破创新三个要素；第二，中国人的勇气分为社会取向和个人取向两种不同取向；其三，中国人的勇气常被视为一种意志品质。

第三节　典型勇者的人格特征

典型的勇者会感染人们，会对人们的日常行为产生潜移默化的影响。古今中外，典型勇者的光辉事迹对中国人，尤其是中国几千万青少年的勇气品格培养具有榜样示范作用。吴宓（1894—1978）是中国近现代历史上一位守道身严、遗世独立的知识分子。像吴宓这样一位博古通今的学者型勇者，他的人格表现出哪些特点？其人格又是如何形成和发展的？人格因素在其命运中起怎样的作用？要弄清楚已经逝去40多年的吴宓先生的人格特质，访谈法或问卷调查法、实验法、测验法等都难以实现研究目的。纵观纷繁多样的研究方法系统，心理传记分析（psychobiography analysis）作为一种质性研究方法，可对历史人物的生活史及其人格的形成和发展进行较为全面的阐释（Simonton，2003；郑剑虹，2006）。例如，研究者运用心理传记分析先后对古典作曲家的人格、美国总统的人格做了一系列的研究（Simonton，1988，1991）。后续研究者创造性地将人格形容词评定法、因素分析法、聚类分析法、德尔菲法等统计或分析方法引入心理传记分析中，企图在某种程度上弥补质性研究方法的弱点。例如，郑剑虹等（2003）通过人格形容词评定法发现梁漱溟的人格特质；又如，吴继霞和赵子真（2008）吸纳因素分析统计手段来萃取竺可桢的主要人格特质；再如，张建人等（2010）结合聚类分析和心理传记分析探究鲁迅的人格形成与发展。因此，本节基于心理传记分析法，考察著名国学大师吴宓的人格特征及其成因，为探寻中国人勇气的结构成分提供依据。

一、研究方法

（一）研究对象

研究对象为文学专业在校学生共16人，其中男性有3人，女性有13人，年龄为21～27岁（*M*=23.06，*SD*=1.61），其中大四本科生有13人，硕士研究生有2人，博士研究生有1人。评定结束后，给予每位被试一定报酬。

（二）研究材料

采用郑剑虹等（2003）编制的“人格形容词检测表”，该量表由248个人格形容词组成，采用7点评分法。在阅读了吴宓相关文献的基础上，研究者撰写了约2000字的《吴宓略传》，并请两位研究现当代文学领域的专家就编辑好的《吴宓略传》是否符合吴宓的生平进行评审，结果发现《吴宓略传》相对比较完整和客观。

（三）研究程序

首先，要求被试在认真阅读完《吴宓略传》之后，对上述“人格形容词检测表”中的每个形容词与吴宓人格的符合程度进行判断，并依次进行 7 点评分，每个被试耗时 30 分钟左右，并通过计算肯德尔和谐系数 W 以考察评分者信度。其次，将 248 个人格形容词中所有被试都评为 5 分及以上（即回答稍符合、比较符合、完全符合）的形容词抽取出来，以此作为对吴宓人格的典型描述。采用 SPSS19.0 软件进行聚类分析和相关分析，概括出吴宓的人格特质。最后，采用历史心理学研究方法，根据吴宓的书信、日记、自述等自传性材料及传记文献来分析吴宓人格的形成及发展历程。

二、研究结果

肯德尔和谐系数 W 为 0.749，达到 0.001 的显著性水平，表明 16 名评分者对吴宓人格评定的结果比较一致，具有较高信度。248 个人格形容词中，有 23 个形容词被 16 位汉语言文学专业的学生一致认为符合吴宓的人格特征，以下统计分析基于这 23 个形容词展开。

（一）聚类分析结果

对这 23 个人格形容词的数据进行相关分析，逐步淘汰较为孤立的词（即与其他的词相关较低或距离较远），最后剩下 14 个人格形容词。对这 14 个人格形容词按变量进行系统聚类分析，结果如图 2-1 所示。树状图显示，多才的、爱国的、出众的、高雅的聚为一类，可命名为“才华出众”；勇敢的、独特的、独立的、自信的、坚定的聚为一类，可命名为“勇敢独立”；自尊的、真诚的、能干的、坚强的、认真的聚为一类，可命名为“真诚自强”。

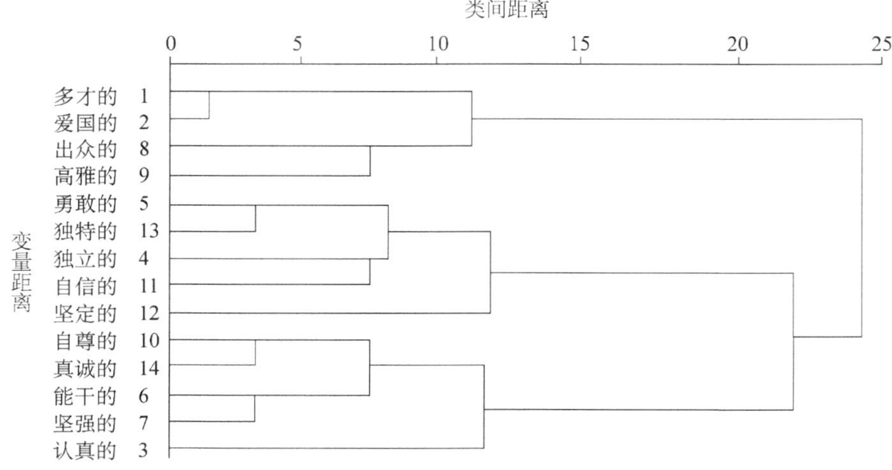

图 2-1 吴宓人格特征聚类树状图

（二）相关分析结果

14 个人格形容词之间的相关系数如表 2-6 所示，“才华出众”这一类内部各形容词之间的相关为 0.29～0.68，“勇敢独立”这一类内部各形容词之间的相关为 0.52～0.83，“真诚自强”这一类内部各形容词之间的相关为 0.62～0.87；并且同一个类别中的形容词之间的相关大致高于其与其他类别的相关。

表 2-6 各人格形容词之间的相关系数

	多才	爱国	出众	高雅	勇敢	独特	独立	自信	坚定	自尊	真诚	能干	坚强	认真
多才	1													
爱国	0.68**	1												
出众	0.43	0.29	1											
高雅	0.43	0.29	0.49	1										
勇敢	0.27	0.19	0.01	0.22	1									
独特	−0.04	0.19	−0.19	0.01	0.83**	1								
独立	0.11	0.08	0.06	0.26	0.76**	0.76**	1							
自信	0.11	0.08	0.06	0.06	0.60*	0.76**	0.69**	1						
坚定	0.04	0.24	−0.22	0.22	0.52*	0.68**	0.69**	0.54*	1					
自尊	0.00	0.18	0.09	0.45	0.36	0.36	0.63**	0.35	0.22	1				
真诚	0.00	0.21	0.10	0.31	0.42	0.42	0.56*	0.40	0.25	0.87**	1			

续表

	多才	爱国	出众	高雅	勇敢	独特	独立	自信	坚定	自尊	真诚	能干	坚强	认真
能干	0.17	0.12	0.22	0.40	0.27	0.27	0.59*	0.59*	0.18	0.84**	0.67**	1		
坚强	−0.10	0.12	0.22	0.40	0.27	0.42	0.59*	0.59*	0.18	0.84**	0.67**	0.87**	1	
认真	−0.14	−0.10	0.05	0.43	−0.04	−0.04	0.41	0.11	0.04	0.80**	0.62**	0.73**	0.73**	1

注：*代表 $p<0.05$，**代表 $p<0.01$，***代表 $p<0.001$，下同

三、分析讨论

聚类分析结果表明，才华出众、勇敢独立、真诚自强是吴宓人格的主要特质。三个特质中，哪一个是最主要、最典型的呢？根据相关系数和类别距离的大小，可以判断出其最典型的人格特征是勇敢独立，这一人格特征包含勇敢、独特、独立、自信、坚定的内涵。吴宓的坚定表现在对自己的道德理想深信不疑，这一成分与古籍中先哲所提的坚毅之勇相契合；吴宓的独特和独立被理解成开创性地引入比较文学，打破时代潮流的桎梏，为人行事特立独行，恰与突破之勇相通；吴宓的勇敢还表现为有文化人的担当，主动维护中国传统文化的核心价值和信念，可知其中也包含担当之勇。由此推断，吴宓的勇敢独立人格很可能主要由坚毅之勇、突破之勇和担当之勇三个因素构成。

研究结果揭示了吴宓的主要人格特质，那么这些人格特质与真实的吴宓先生是否相符？它们又是如何形成、发展的？是否会影响其日常的教学工作？接下来将从心理传记学的视角，结合关于吴宓的传记资料中这些人格特质出现的频率、首要性、强调性、孤立性、独特性等凸显性指标（舒跃育，王栋，2012），运用埃里克森的人格发展阶段理论、班杜拉的社会学习理论等对这些问题予以剖析。

（一）才华出众特质的成因

1. 家庭氛围提供客观环境基础

吴宓出生于陕西省泾阳县的一个官宦人家，家庭的财力和官势使得吴宓在青少年时代拥有接受良好教育的机会和可能。由其祖母主持，吴宓 3 岁时成了

叔父吴建常的继嗣，此后就在叔父的培养下学习和生活。其叔父饱读诗书，少年得志，曾在陕西乡试中被录为副贡生，辛亥革命时期官至陕甘总督的参谋长、凉州副都统。叔父的学问、修养、道德都为吴宓所敬佩，对童年时期吴宓的学问、德行方面的影响最大（沈卫威，2000）。浓厚书香气氛的家庭为吴宓才华出众的人格特质奠定了客观的环境基础。

2. 勤奋好学奠定主观能力基础

吴宓能够才华出众，也得益于其教师多年的中西文化教育以及他自己长期的辛勤积淀。少年吴宓就读于三原宏道书院，受关学思想熏陶，他学习十分勤奋，常常手不释卷。17岁时，吴宓幸运地考上清华学校的留美预备班，其间，他博览群书，深谙中国传统文化的精华。直至23岁，吴宓赴美国留学，师从新人文主义倡导者白璧德教授。他学习文学批评，深受导师新人文主义思想的浸润，也获得导师的器重和喜欢（吴学昭，2011）。同时，他还研究广博的西方文学和历史，与陈寅恪、汤用彤并称为“哈佛三杰”。长达20多年的求学经历使吴宓成为学贯中西、才华横溢的博雅之士，也为其回国后进入顶尖大学讲授英语、文学、历史等多门课程，出版《吴宓诗文集》《文学与人生》等著作，成为全科型、学者型教师奠定了广博的知识基础和精深的能力基础。

（二）勇敢独立特质的成因

1. 违背父亲期望和社会潮流，初显独立人格

自幼失去母爱的吴宓，在祖母的照料和溺爱下无忧无虑地生活了12年之久，同时也丧失了应有的父母管教，他的性情就在一种非约束的状态中自然发展。祖母去世后，失去了保护屏障的吴宓不得不自己面对人生。父亲希望吴宓学好英文，找一份体面的工作，挣更多的钱财和获得更多的荣誉，最终能够光宗耀祖。对于家人的期望，吴宓似乎没有多大热情，而选择与他父亲所代表的传统生活方式和人生价值观念相抵触的文学领域。这一点可见于吴宓日记中“宁为不肖子，必为有用之人物”（吴宓，1998）的表述。1911年，吴宓进入清华学校读书，为出国留学做准备。在这里，他发现当时不少人读书是为了升官发财，但这种功利性社会思想与他无缘。吴宓保持思想独立，不随波逐流，导致了他的思想追求逐步与世俗相背。这种与社会潮流、家庭期望之间的矛盾冲突，促使吴宓开始思考自己未来要做一个什么样的人、过什么样的生活、毕生追求什么样的理想和事业，以避免自己处于角色混乱的状态中。

2. 捍卫孔子思想，造就勇敢人格

根据埃里克森提出的人格发展阶段理论（俞国良，罗晓路，2016），吴宓在一种内心冲突的状态下经历着同一性危机，撰写日记则是他解决同一性危机的载体。关于道德理想，吴宓通过日记中自我对话式的深入剖析，勇敢地将儒家的“仁义”道德——最具文化本位的道德作为自己的道德理想。谓之勇敢是因为当时盛行“打倒孔家店”的新文化运动，“仁、义、礼、智、信”被认为是阻碍社会发展的思想基础。而吴宓尊孔、信孔，将孔子作为他人生奋斗的道德追求，并创办《学衡》杂志，发表了大量捍卫国学的文章，以此与新文化运动思想对峙（项滢，2017）。他的这种致力于挑战社会潮流、不畏艰险的勇敢人格，此时可窥见雏形。关于志业，吴宓无意于政治、商业，却选择了将无法被社会视为“正业”的诗人作为自己的人生追求，即使他也曾为文人的牢愁之思所困和受到进入“实学”门径的煎熬。吴宓战胜了这种矛盾，不畏艰难，坚守信仰，选择符合自身期望的志业理想，标志着其勇敢独立人格的正式形成。同一性危机解决之后，吴宓的道德理想和志业追求非常明晰，生命充满活力，更加强化了其勇敢独立的人格，为后期的教书育人工作提供了精神动力。

（三）真诚自强特质的成因

1. 观察学习诱发真诚品质

班杜拉倡导的社会学习理论认为，人们可以通过观察别人（尤其是榜样）习得某种行为，榜样对个体行为和思想的塑造具有巨大影响，这种行为和思想经长期强化后将会被内化成个体人格的组成部分（班杜拉，2015）。自小立志成为诗人的吴宓，对西方文学家拜伦、雪莱、歌德的诗歌中表达的真实、热情的情感极为推崇，这些浪漫主义诗人潜移默化地成了他心中的榜样。正如吴宓

（2004）在诗集中表示："予恒言，道德乃真切之情志，恋爱亦人格之表现。予于德业，少所成就，于恋爱生活，尤痛感失败空虚。然予力主真诚，极恶伪善。"这些观点说明吴宓深受浪漫主义诗人的榜样人格影响，形成了尊重个性、追求真理、反对虚伪、坦白真诚的人格。正是由于真诚人格，吴宓才会不畏世俗的讥笑，敢于毫不掩饰地把自己的秘密公之于众，并在自己的课堂教学中无私地分享自己真实的学术观点、情感追求，向其学生传递真诚不虚的精神。

2. 挫折境遇砥砺自我效能

社会学习理论提出个体的自我效能感会影响其对行为的判断及其对该行为的坚持性，吴宓的自我效能感就是在挫折境遇中不断得到强化的，故在某种程度上制约了其婚姻抉择和工作角色定位。成年期吴宓的婚姻生活并不幸福，情感长期受到压抑，而其内心是渴望追求爱情的（乔军豫，向天渊，2010）。不久，吴宓与妻子陈心一女士离婚，未能亲身担负教养三个女儿的责任（李继凯，刘瑞春，2001）。尽管真实的婚姻情感生活令世人讥毁，但吴宓没有在家人、朋友、敌人的鄙夷声中沉沦、退缩，而是更加刚正坚强，执念不减，展现出高水平的自我效能感。在几十年的教学生涯里，吴宓对学生无私奉献，对工作尽心尽责。即使晚年他的身心遭受了非人般的凌辱和虐待，但他仍没有放弃自己的文化担当和教师责任，坚强地存活下来，直至临死前依旧保持自己的教授风范和教学效能。这些在逆境中奋力前行的行为表现，都得益于其自强人格特质的发展。

四、研究结论

本节经过对吴宓人格进行评定和心理传记学分析，得到如下结论：其一，才华出众、勇敢独立、真诚自强是吴宓的主要人格特征，其中最典型的勇敢独立人格可能由坚毅之勇、突破之勇、担当之勇三个成分构成；其二，吴宓人格特征的形成和发展受家庭氛围、早期教育、婚姻经历、西方浪漫主义文化、当时的社会思潮等多种因素的交互影响。

第四节　勇气的结构模型

上一节从典型个案的视角对勇气的结构要素进行了探究，初步得到了勇气包含坚毅之勇、突破之勇、担当之勇三个主要成分。那么中国人勇气深层次的结构究竟如何？是否和这些要素有关？为弄清楚这些问题，本节采用访谈法，针对不同年龄群体的中国人，挖掘勇气的构成成分、影响因素、亲身经历等信息，构建中国化的勇气内在结构模型。

一、6～13 岁儿童勇气的心理结构

（一）研究方法

1. 访谈对象

采用质性研究中使用最为广泛的目的性抽样策略，选取 60 名小学儿童参与本次访谈。其中，男童有 29 人，女童有 31 人。年龄最小的为 6 岁，最大的为 13 岁，平均年龄为 9 岁，标准差为 1.73。一年级有 9 人，二年级有 12 人，三年级有 10 人，四年级有 10 人，五年级有 10 人，六年级有 9 人。汉族有 58 人，少数民族有 2 人。

2. 研究工具

本次访谈主要用到以下两种研究工具。其一录音笔，用于访谈全程的精准录音；其二访谈提纲，用于支持访谈过程的主题导向，主要涵盖“你认为勇气是什么？”“勇气包含哪些具体成分？”“列举古今中外勇敢的人，他们身上有哪些特征？”等问题。

3. 研究程序

1）数据收集。首先，对七名访谈员进行系统培训，阐述标准化访谈程序和

访谈注意事项。其次，征得任课教师同意后，访谈员向受访儿童宣读访谈指导语，并让受访儿童签署"访谈知情同意书"。最后，每次访谈时长约为 15 分钟，访谈结束之后进行基本信息登记，并发放小礼品作为感谢。

2）数据编码。受训过的两名文字转录人员将每个访谈录音转录为文字，共获得 60 个文本，约 5 万字。根据扎根理论的编码程序依次进行整理、编码、分类、命名和理论建构。在开放式编码阶段，研究者不遵循任何理论框架，逐字逐句进行编码，共获得如"不逃避""坚持""维护正义"等 66 个自有节点。在关联式编码阶段，根据自有节点之间的联系，初步寻找概括性更高的范畴，共抽取"突破""坚毅""担当""典型勇者""勇者特征"五个关联式编码。在核心式编码阶段，梳理关联式编码共同反映的核心类别，最终确定能够串联各编码要点的核心编码一个，即勇气及其结构。

3）信效度检核。利用 Nvivo 8.0（以下简称 N8）软件的质询功能实现对本次访谈数据进行信度分析的考察。数据显示，节点 Kappa 值多数为 1，编码一致性百分比均高于 90%，表明编码信度良好。采用原始资料检验法、反馈法进行访谈效度的检核。以自由节点名称为关键词，在原始文本中进行搜索，发现绝大多数命名都来自原始资料，如"不害怕""见义勇为""坚持不懈""敢为人先"，提示访谈编码的效度较高。同时，就访谈编码和结果与熟悉勇气研究的同行进行讨论，汲取合理建议并进行反复修改，以提高访谈编码和结果的效度。

（二）研究结果

1. 小学儿童勇气的因素构成

表 2-7 为小学儿童勇气因素构成的关联式编码，可见，小学儿童勇气包含了突破、坚毅和担当三个成分。三个因素的参考点占比由高到低依次为突破（54.2%）、担当（30.7%）、坚毅（15.1%）。突破因素是指勇气中冲破阻碍的成分，这种阻碍可以是内心的恐惧、强大的权威、蒙昧的未知等；担当因素是指勇气中的大义动机成分，这种大义使勇气区别于冲动、莽撞；坚毅因素是指勇气中的意志力成分，这种意志表现多为折而不挠、坚忍不拔。

表 2-7　小学儿童勇气成分的关联式编码

勇气因素构成	名称			材料来源（个）	参考点（个）
关联式编码 1	突破	关联式编码 1.1	无所畏惧	50	72
		关联式编码 1.2	敢为人先	28	44
		关联式编码 1.3	挑战权威	7	10
		关联式编码 1.4	突破自我	42	70
		关联式编码 1.5	独立表达	18	26
关联式编码 2	坚毅	关联式编码 2.1	坚持不懈	8	10
		关联式编码 2.2	刚直坚定	21	32
		关联式编码 2.3	克服困难	15	20
关联式编码 3	担当	关联式编码 3.1	救助他人	37	74
		关联式编码 3.2	维护正义	14	21
		关联式编码 3.3	奉献牺牲	9	16
		关联式编码 3.4	主动负责	11	15

表 2-7 中勇气的突破成分由无所畏惧、敢为人先、挑战权威、突破自我和独立表达五个概念构成。访谈中，无所畏惧被 50 名受访者提及了 72 次。无所畏惧被认为是“即使遇到艰难和危险，也不害怕、不畏惧”（ZST）。有 28 位受访者提及敢为人先，其被描述成“做别人不敢做的事情”（HCX）以及“自己以前不敢做出的行为”（ZSH），尤其是在那些可能有风险或带来损失的情况下仍敢于尝试。挑战权威表现为小学儿童敢于质疑年长者的观点，如“在课堂上敢提出老师的错误”（YYF）。突破自我共被提到了 70 次，主要指敢于冲破自我的限制，做自己曾经怯于做的事情。共有 18 位受访者提到独立表达，“敢于在任何人面前表达自己的想法就是一种勇气”（XRR）。

从表 2-7 中可知，小学儿童勇气的坚毅成分由坚持不懈、刚直坚定、克服困难组成。从材料来源看，有 8 位受访儿童提到了坚持不懈，其主要是指“不放弃、不抛弃，有恒心、有毅力”（PWC）。从参考点数量看，刚直坚定被提及了 32 次，描述的是“遇事刚强正直，坚守信念不动摇、不屈服、不转移”（HZG）。有 15 位受访者共 20 次提到了克服困难这一成分，如“勇气就是要不断克服困难，不怕曲折、迎难而上”（YKK）。

表 2-7 中勇气的担当因素包含救助他人、维护正义、奉献牺牲、主动负责

四个子成分。有 37 位受访儿童提及救助他人 74 次，他们认为勇气就是心甘情愿救护弱小群体，即使助人行为会给自己带来损失或者使自己面临危险。例如，一位三年级儿童说："帮要好的同学打架就是勇敢的人。"（HZL）维护正义这一成分出现了 21 次，主要指当公道、正义被肆意践踏时，人们敢于挺身而出去捍卫，就如"警察叔叔抓小偷时很勇敢一样"（WX）。受访者所提到的奉献牺牲描述的是如军人在战斗中牺牲自己的生命保家卫国、科学家无私奉献自己的辛劳探索真理之类的勇敢行为。主动负责则涉及普通个体对自己的行为负责，如"勇气就是犯了错误敢于承认，还要主动承担相应的责任"（WGZ）。

2. 小学儿童观念中的勇者及其特征

在受访儿童的观念中，不同领域的典型勇者分布情况如表 2-8 所示。被提到的勇者基本上都是各界名人，军事先烈出现了 25 次，如关羽、张飞等；政治领袖出现了 22 次，如周恩来、诸葛亮等；科教学者和影视人物均被提及 12 次，如鲁迅、钱学森，以及熊大、蝙蝠侠等。

表 2-8　勇者及其特征的关联式编码

勇者及其特征	名称			材料来源（个）	参考点（个）
关联式编码 1	典型勇者	关联式编码 1.1	军事先烈	21	25
		关联式编码 1.2	政治领袖	15	22
		关联式编码 1.3	科教学者	9	12
		关联式编码 1.4	影视人物	8	12
关联式编码 2	勇者特征	关联式编码 2.1	博学聪慧	16	22
		关联式编码 2.2	真诚自信	7	11
		关联式编码 2.3	从容镇定	11	12

表 2-8 还显示，勇者身上常具有博学聪慧、真诚自信和从容镇定的特点。有 16 位受访者共 22 次提到勇敢的个体总是表现出聪明睿智、富于知识，如"勇敢的人读书很厉害，比较聪明"（YCM）。真诚自信也被 7 位受访者认为是勇者的另一个鲜明特征，做出勇敢行为的个体会表现出高度的自信心和赤诚之心。第三个被提出的勇者特征是从容镇定，共被受访者提到 12 次，有勇气的个体面对危险情境时往往从容不迫，镇静自若。

3. 小学儿童勇气的结构模型建构

基于上述勇气的因素构成，采用选择型分析法进一步探寻三因素之间的关系及其与勇者特征的关系。从表 2-9 的编码结果看，勇气的三因素中，担当因素扮演勇敢行为动机的角色，坚毅因素是勇敢行为过程中的支撑性成分，突破因素是勇气发生的可能结果。例如，有位受访儿童提到，“在判断勇敢行为时，需要考虑做出这个行为是否出于好意”（ZY）。另一位受访儿童表示，“当我表现勇敢的时候，总是抱着坚定不移的信念”（HWJ）。表 2-9 的编码结果还显示了勇者特征与三因素之间的关系。从其资料来源和参考点看，有 10 位受访者提到在勇敢的人身上或多或少都有突破、坚毅、担当三因素的反映。例如，一位六年级的儿童想到：“有勇气的人遇到困难会折而不挠、迎难而上。”（HWJ）与此同时，另有 9 位受访者认为勇气的三因素也会影响勇者所展示出的具体特征。

表 2-9 小学儿童勇气的核心式编码

勇者及其特征	名称			材料来源（个）	参考点（个）
关联式编码 1	三因素的关联性	关联式编码 1.1	突破是结果	12	17
		关联式编码 1.2	坚毅是过程	9	11
		关联式编码 1.3	担当是动机	7	9
关联式编码 2	勇者特征与三因素	关联式编码 2.1	勇者特征映射三因素	10	12
		关联式编码 2.2	三因素制约勇者特征	9	10

根据上述三级编码结果，使用 N8 软件绘制小学儿童的勇气结构模型图，如图 2-2 所示。勇气由担当、坚毅和突破三因素构成，分别是勇敢行为发生前、过程中、结果的成分。博学聪慧、真诚自信、从容镇定三个特征映射出勇气的三因素，并受这三因素的制约。

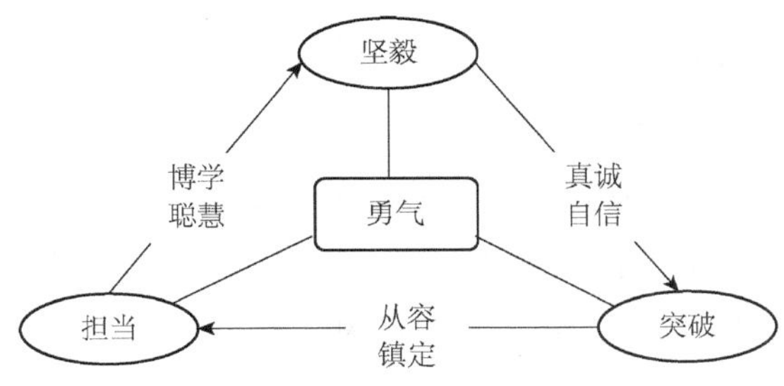

图 2-2 小学儿童的勇气结构模型

（三）分析讨论

1. 儿童与成人勇气结构的共通性

访谈结果分析显示，小学儿童的勇气主要包含突破、坚毅、担当三个成分。这三个成分与前期以成年人为研究对象的勇气结构研究结果高度一致（Cheng，Huang，2017）。不同年龄群体中，勇气的构成要素如此相似，可以从两个视角得到解释。其一，教育对儿童的勇气品格形成起到至关重要的作用。正如苏霍姆林斯基所言，“我坚信小学教育时期，则是最重要的一个时期，这个时期正是人需要养成多种优秀的品质”（苏霍姆林斯基，1984）。家庭教育和学校教育的合力帮助小学儿童形成了对勇气品格的基本看法，父母和教师的正确引导在其内心树立了勇敢行为的价值。这种品格教育效果根深蒂固，没有因年龄的变化而减弱。其二，中国文化的长期浸润造就了儿童与成人对勇气结构理解的延续性。绵延五千多年的中国文化中广泛流传着尚勇思想，各行各业的英勇人物辈出。例如，无数革命先烈勇于牺牲宝贵生命，换来中华人民共和国的成立；科学家袁隆平不顾试验多次失败，仍坚持研发杂交水稻。这些勇者的传奇故事，在中国男女老少中得到了普遍性认同和赞赏。反观这些勇者的勇敢行为，无一不体现了担当之勇、突破之勇、坚毅之勇。

2. 小学儿童勇气结构的独特性

虽然研究结果发现，儿童与成人观念中的勇气所包含的具体要素相同，但受访儿童和成人对三因素的描述侧重点各有不同。在本书访谈中，小学儿童勇气的独特之处在于他们对突破之勇的论述所占比例最大，共提及222次，占总论述量的一半以上。最典型的描述是，“勇气就是不害怕，无所畏惧”（WCY）。而且持这种“勇气即不惧”观点的儿童大多处于小学低年级，他们所描述的不惧内容集中在与同学打架、玩极限游戏、看恐怖影视作品等，且倾向于把勇气仅仅理解成“不害怕”的情绪体验。小学儿童对勇气结构有此种看法的原因可能与其认知水平的限制有关。根据皮亚杰的观点，小学儿童的认知发展处于具体运算阶段，特别是低年级的小学生对外界环境中发生实践的认知趋于形象化、具体化（王振宏，李彩娜，2011），更多关注事件呈现出来的直观表象，少有抽象的、深入思考事件背后的逻辑和内涵。因而，小学儿童难免容易把勇气知觉成不害怕的情绪表现，而勇气中的坚毅和担当成分被表达得就相对少了。

访谈结果的另一个独特发现是小学儿童描述的典型勇者多数来自军事领域，相关描述共计 25 次。排在前几位的勇者分别是张飞、关羽、黄继光等。小学儿童对勇者理解的这种领域限制反映出他们对身体、武力方面勇气的偏好，这一结果在某种程度上可以从大众传媒导向、娱乐方式选择两个方面得到解释。近年来，红色题材的影视剧占据了各大影视平台的黄金时段，给予了小学儿童接触革命战斗英雄的更多可能，如《红色摇篮》《长征》《中国远征军》。此外，各类流行的儿童游戏中充斥着诸多武力斗士，这些武士大多以历史上骁勇善战的人物为原型，张飞、赵云、曹操等游戏人物颇受小学儿童的青睐。他们对勇敢个体分布领域的理解偏差，给未来的教育工作者发出了一些警示，今后应联合大众传媒、学校、家庭等主体，加强对其他领域勇者的宣传和号召，而不仅仅依靠小学语文教材中有关勇气精神的课文，如《勇敢的孩子》《花的勇气》《船长的勇气》等来渗透独立生活的勇气、傲风斗雨的气概、坚忍不拔的精神。如此多主体多管齐下的教育合力，才能丰富小学儿童对勇气所含成分的理解，也能更好地培养儿童的勇气品格。

（四）研究结论

通过访谈不同年级的小学儿童，运用扎根理论分析访谈资料，获得以下结论：勇气由担当、坚毅、突破三因素构成，这三个因素贯穿于勇敢行为的发展过程中，并与勇者的主要特征有密切的联系。

二、14～54 岁个体勇气的心理结构

（一）研究方法

1. 访谈对象

预访谈的对象共 5 人，分别为社会人士 2 人、研究生 2 人、初中生 1 人。

正式深度访谈采用目的性抽样中的强度抽样策略，共抽取访谈对象 27 人，其中，男性有 16 人，女性有 11 人，年龄为 14～54 岁（M=27.85，SD=8.62）。受访者的受教育程度从初中至博士研究生不等，从事的职业包含企业职工、高校教师、中学教师、中学生、大学生、失业人员等。每名受访者在访谈结束后均获得一定报酬，正式访谈对象的基本信息如表 2-10 所示。

表 2-10　正式访谈对象的基本资料

编号	性别	年龄	教育程度	民族	职业	婚姻状况	家庭情况	代码
1	男	26	本科	汉	高中教师	未婚	二姐和一妹	LSL
2	男	27	硕士	汉	初中教师	未婚	一姐	CYL
3	男	26	本科	汉	企业职工	未婚	一兄和二姐	JXZ
4	男	36	博士	汉	大学教师	已婚	育有一子	DBH
5	女	28	硕士	汉	大学教师	已婚	一姐	CYY
6	男	28	硕士	汉	行政人员	未婚	二姐和一妹	GYM
7	女	34	本科	汉	企业职工	已婚	育有一女	GYF
8	男	40	博士	汉	大学教师	已婚	育有一女	LJB
9	男	35	博士	汉	行政人员	未婚	一哥和一姐	WH
10	男	54	初中	汉	后勤管理	已婚	育有一子	WJ
11	男	37	博士	蒙	大学教师	已婚	育有一子	ZYB
12	女	39	高中	汉	后勤管理	已婚	育有一女	ZYQ
13	男	29	硕士	汉	企业职工	未婚	一妹	HHB
14	女	26	本科	汉	失业	未婚	一弟	JY
15	男	27	硕士	汉	高中教师	未婚	独生子	LDP
16	男	27	博士	汉	学生	未婚	独生子	YXY
17	男	26	硕士	汉	学生	未婚	一兄和一姐	LBL
18	男	23	硕士	汉	学生	未婚	一姐	ZBW
19	女	25	硕士	汉	学生	未婚	独生女	LYX
20	男	26	硕士	汉	高中教师	未婚	一姐，父母过世	LZ
21	男	23	硕士	汉	学生	未婚	一兄	FYT
22	女	23	硕士	满	学生	未婚	独生女	QXY
23	女	21	本科	蒙	学生	未婚	一弟	CQ
24	女	24	硕士	汉	学生	未婚	独生女	CJ
25	女	14	初中	汉	学生	未婚	独生女	DQH
26	女	14	初中	汉	学生	未婚	独生女，父母离异	LZY
27	女	14	初中	汉	学生	未婚	独生女	TQ

2. 工具与程序

研究工具之一是访谈提纲。根据预访谈结果、专家意见、团队讨论确定访谈提纲，其包含的主要问题有：您认为勇气由哪些成分构成？在您的生活中，什么样的人是有勇气的？请您详细描述一些自己有勇气的事件或经历等。第二个研究工具是录音笔，用于访谈全程的同步录音。

受访之前，受访者签署"深度访谈知情同意书"，访谈者即为研究者本人，征得受访者同意后进行同步录音。每次访谈时间长度控制在 60 分钟左右，时间跨度为 4 个月。

3. 数据编码

将访谈录音转成逐字稿，共计 25 个文本，约 12 万字。采用 N8 质性分析软件进行数据分析，包括编码、搜索、建立关系、绘制模型、信度检核等步骤（郭玉霞等，2009）。在建立勇气编码词典（附录 2）的基础上，逐步进行扎根理论的开放式编码、关联式编码、核心式编码。在开放式编码阶段，采取完全开放式的态度，抛开所有理论框架全身心投入，对与勇气的内涵和结构、有勇气的人和事、勇气的特点、勇气的影响因素等相关的语料进行逐句编码，编码时尽量使用原始资料中的关键词命名节点，初步产生不屈挫折、超越自我、承受压力、独立自主、敢闯敢拼、正面价值导向等 239 个自由节点。在关联式编码阶段，从 239 个自由节点中析出三个主要范畴建立树状节点，包括"勇气的内在结构""有勇气的经历""勇气的影响因素"。例如，背离常态、当机立断、不逃避、坚持原则等编码属于勇气的内在结构范畴；学校教育、正强化、自我激励、强身健体等属于勇气的培养策略范畴。在核心式编码阶段，要建立一个能够代表研究主题、统领全部节点的核心类别，这个核心类别可以连接其他相关类别，形成一个有层次的解释架构。经过反复查询和分析原始资料，确定核心类别为"勇气及其结构"，并建立理论模型图。

4. 信效度检核

利用 N8 软件的质询功能和计算归类一致性进行信度检核。通过质询功能的编码比较技术，发现 Kappa 值多数为 1，编码一致性百分比均高于 90%。此外，根据徐建平和张厚粲（2005）提出的归类一致性公式 $CA=2\times S/(T_1+T_2)$，其中 CA 表示归类一致性指数，S 表示两名编码者归类一致数，T_1 和 T_2 表示每名编码者的编码总数。计算出研究者先后编码同一文本的归类一致性信度为 0.90，两位受过训练的编码员随机抽取总文本数的 5%和 25%进行编码的归类一致性信度分别为 0.81、0.85。

通过原始资料检验法、反馈法、参与者检验法等手段实施效度检核（陈向明，2000；塞德曼，2009）。原始资料检验法即将最终建构模型中的概念和关系返回原始资料中进行核对。一方面，验证主要概念是否来源于原始资料，是否深深扎根于原始资料之中，运用 N8 软件的关键字质询功能，发现"责任""坚定""突破""不放弃""追求目标""敢于挑战"……都源于受访者的原始表达，符合扎根理论的检核标准。另一方面，验证关系是否来源于研究对象的阐述或研究者对原始资料的逐层归纳，如"坚毅"的归纳源于原始资料中的"坚持理想""坚守原则""克服困难"等，"突破"的归纳源于"创造革新""突破自我""冒险尝试"等，"担当"的归纳源于"承担责任""见义勇为"等。反馈法要求在得出初步结论后广泛地与对研究熟悉的人交换关于研究主题的看法。依据多位同行的反馈意见，反复回到原始资料中进行检验，修改最初的编码结果，提升研究结论的有效性。譬如，初始编码中的"进取心"节点被单独列出，经同行讨论并检视原始资料，再将其编码为"突破性"节点。同时，经同行评议过的编码词典也为编码效度提供了检验依据。参与者检验法是指将分析完的资料给受访者检视，以确认是否符合他们的想法或经验（孙晓娥，2011）。资料分析完成后，通过电子邮件将勇气编码词典、勇气的理论模型等结果发送至受访者以征求意见，其中有受访者反馈将"有勇气的人"改成"知名勇者"，将"有勇气的事"改成"勇气经历"，研究者据此对结论的措辞再次加以完善。

（二）研究结果

1. 勇气的内在结构

采用 N8 软件对访谈逐字稿进行数据分析的结果如表 2-11 所示，勇气由坚毅之勇、突破之勇、担当之勇三个因素构成。因素一坚毅之勇包含了"克服困难"

"忍受压力""敢于放弃""追求目标""坚持理想""坚守原则""不屈不挠"等七个方面。其中，"克服困难"是指人们遇到困难时凭借自己的意志力或外界力量去战胜困难，在访谈中出现频率非常高，共23位受访者提及114次。例如，受访者提到"勇气是有自己的意志在里面，克服困难，有明确的目的"（LZ），"他们为了坚持自己的理想和追求克服了困难，我觉得这就是勇气的表现"（YXY）。"坚持理想"包含了坚持事业理想、爱情理想、物质生活理想等，共被提到62次，访谈中既有"为了爱情理想而坚持的勇气"（LSL），也有"为了自己的理想和事业发展的勇气"（LJB）。22位受访者共提及了64次"坚守原则"，即保守原有的态度和原则贯彻始终，坚持自己认为正确的信念，像刘胡兰那样"在被捕之后，还是很坚持自己的原则不出卖同胞……秉持着一定的原则在做事情"（JY）。"不屈不挠"主要指在强权和挫折面前不屈服、不放弃，表现出顽强的勇气，也就是"在强大的权威面前不屈不挠、不妥协"（LDP），"遇到挫折，不放弃"（DBH）。此外，参考点总数较多的"忍受压力""敢于放弃""追求目标"，在受访者看来也是构成勇气的重要因素。

表 2-11　勇气结构的关联式编码

勇气的结构	名称			材料来源（个）	参考点（个）
关联式编码 1	坚毅之勇	关联式编码 1.1	克服困难	23	114
		关联式编码 1.2	忍受压力	17	47
		关联式编码 1.3	敢于放弃	21	46
		关联式编码 1.4	追求目标	21	45
		关联式编码 1.5	坚持理想	22	62
		关联式编码 1.6	坚守原则	22	64
		关联式编码 1.7	不屈不挠	16	30
关联式编码 2	突破之勇	关联式编码 2.1	创造革新	21	67
		关联式编码 2.2	无所畏惧	21	69
		关联式编码 2.3	冒险尝试	25	117
		关联式编码 2.4	敢于挑战	18	35
		关联式编码 2.5	突破自我	18	50
		关联式编码 2.6	主动进取	10	17

续表

勇气的结构	名称			材料来源（个）	参考点（个）
关联式编码 3	担当之勇	关联式编码 3.1	保家卫国	23	65
		关联式编码 3.2	承担责任	19	42
		关联式编码 3.3	承认不足	14	23
		关联式编码 3.4	见义勇为	21	62

注：材料来源是指某关联式编码来源于受访者文本的总数，参考点是指某关联式编码下开放式编码的参考点数之和，下同

因素二突破之勇涉及“创造革新”“无所畏惧”“冒险尝试”“敢于挑战”“突破自我”“主动进取”等六个成分。首先，出现次数最多的是“冒险尝试”（117次），主要指明知做某件事情可能存在风险，仍然尽力尝试，如勇气就是“对害怕的东西敢于尝试”（ZBW），“出于帮助别人而冒着生命的危险”（WJ）。其次，“创造革新”“无所畏惧”“突破自我”三个节点的出现频率也较高。“创造革新”指在原有的基础上又创造、改进出新事物，如“勇气就是对原有基础上的一种突破”（JXZ），“勇于突破创新”（LBL）。“无所畏惧”代表没什么害怕和恐惧的，受访者提到“有勇气的人不会畏首畏尾，不害怕事情，不害怕后果之类的”（CYY）。“突破自我”指个体做了自己原来不敢面对或者不能做到的事，即“敢于突破自己就是勇气”（YXY）。最后是“敢于挑战”“主动进取”。前者涵盖挑战命运、权威、自然极限等，正如“科学家为了捍卫科学，像布鲁诺和哥白尼，不向权威低头妥协”（LJB），“贝多芬不断挑战自己的命运，最终成了伟大的音乐家”（JXZ）。后者表达的是人们在遇到阻碍的情况下仍主动争取合理的权益和机会，像“武则天敢于争取自己所追求的东西、利益，能够在男权社会里称霸天下，登上权力的最高峰，肯定是有勇气的”（CYL）。

因素三担当之勇表现为“保家卫国”“承担责任”“承认不足”“见义勇为”。“保家卫国”即勇敢地保卫家乡和祖国，防止外敌入侵，共被23位访谈者提及65次。“征战沙场，领着军队去打仗，骑着战马身先士卒，就是这种勇”（LYX）；“在德国侵略苏联的时候，斯大林带领全国人民保卫国家”（ZYB）；“那些当兵的，他们保家卫国随时可能付出自己的生命，以此来取得他人的平

安”（JY）等都是保家卫国的典型描述。参考点总数为62次的“见义勇为”就是指见到合于道义的事，勇敢地去做；如“勇气就是敢于为他人牺牲的精神”（QXY），“为了帮助别人而牺牲自己，这就是勇气”（WH）。“承认不足”与“承担责任”节点存在逻辑上的先后关系，先是认知上承认自己的错误，而后行为上勇于担当后果。访谈中关于这两者的论述有“认识到自己的错误，并能承认自己的错误是一种勇气”（LSL），“勇气就是敢作敢当，一个人要对自己的行为负责”（FYT），“勇气是敢于承担责任，不推脱、不畏缩、不逃避”（ZYB）等。

2. 有勇气的经历

访谈中，每位受访者都从具体事件和感受体验两个方面详细叙述了自己有勇气的经历，具体事件分为帮助他人、行为突破、坚持不懈三个子类，感受体验分为生理反应、情绪感受两个子类。受访者较为常见的勇气经历包括公共场合发言（12次）、向他人表白（11次）、第一次做某件事（8次）、坚持做某件事（5次）、帮扶他人（5次）。当时，他们出现最多的心理感受是“紧张”，生理反应是“吐字不清”，其他感受体验的频次分布如表2-12所示。

表2-12 勇气经历的体验频次分布情况

情绪感受	频次	生理反应	频次
紧张	13	吐字不清	4
激动	5	心跳加速	3
焦虑	5	手发抖	3
害怕	2	脸红烫	2
气愤	2	手出汗	2
后悔	1	头发热	1
痛苦	1	微冷寒颤	1
平静	1	声音变大	1
轻松	1	劳累	1
欣慰	1		

除自己的勇敢经历以外，受访者还提到了93位古今中外著名勇者的经历。其中，政治领域的有35人，军事领域的有22人，科教领域的有18人，文体领域的有17人，财经领域的有1人。出现频次最高的勇者是中国战斗英雄董存瑞，而中国唯一女皇帝武则天、宁死不屈的刘胡兰、勇刺秦王的荆轲、失败99次不放弃的爱迪生出现次数也较多。频次排名靠前的名人勇者及其经历如表2-13所示。

表2-13 频次排名靠前的名人勇者及其经历

勇者	频次	经历	勇者	频次	经历
董存瑞	7	手托炸药包	黄继光	4	视死如归
武则天	6	第一位女皇	王昭君	3	为国和亲
刘胡兰	6	宁死不屈服	岳飞	3	报宋抗金
荆轲	5	刺杀秦王	赵云	3	敌营救幼主
爱迪生	5	失败不放弃	屈原	3	以身殉国
关羽	4	威猛杀敌	哥白尼	3	提出日心说
张飞	4	骁勇善战			

3. 勇气的影响因素

勇气的影响因素的关联式编码结果如表2-14所示。内部因素中，情绪和人格特质的参考点数较多，情绪中的愤怒（13次）、开心（10次）、悲伤（7次）和人格特质中的自信（17次）、乐观（8次）、外向（5次）对勇气的影响最明显，如“愤怒的时候会增加勇气”（ZBW），“高兴、喜悦的心情下也能增加勇气”（CYY），“自信水平高的人更有勇气”（ZYB）。影响勇气的外部因素中社会环境占绝对优势，社会环境又包含家庭情况、社会氛围、社会支持网络、现场环境四个子节点。受访者提出“亲人支持会增加勇气”（JY），“周围大的社会环境，还有学校老师的教育和鼓励，会增加勇气”（YXY）等。

表 2-14 勇气的影响因素的关联式编码

勇气的影响因素	名称			材料来源（个）	参考点（个）
关联式编码 1	内部因素	关联式编码 1.1	动机与价值观	4	7
		关联式编码 1.2	情绪	20	53
		关联式编码 1.3	人格特质	20	50
		关联式编码 1.4	人口学变量	3	4
		关联式编码 1.5	行为经历	11	23
		关联式编码 1.6	智力	10	16
		关联式编码 1.7	身体健康状况	2	2
		关联式编码 1.8	遗传	4	5
关联式编码 2	外部因素	关联式编码 2.1	自然环境	1	1
		关联式编码 2.2	事件特征	4	5
		关联式编码 2.3	社会环境	22	57

基于这些影响因素，受访者还提及了相应的勇气培养策略。社会层面的培养策略在于倡导见义勇为的文化氛围，加强正面宣传，树立勇者榜样并对这些行为主体进行物质或精神奖励。学校层面的培养策略集中在教师鼓励方面，如受访者认为“周围的老师对他们激励影响比较大，如果给以这种环境的话，就会培养起来勇气”（WH）。家庭层面主要是父母的教养方式，“民主型家庭教育方式更利于勇气培养”（DBH）。个体层面则可通过自我强化（5 次）、强身健体（4 次）、增加心理韧性（3 次）等方式培养勇气。

4. 勇气的理论模型

采用选择型分析法进一步探寻核心类别以及各关联式编码之间的关系，核心式编码结果如表 2-15 所示。勇气及其结构是核心类别，统领三因素间的关联性、有关范畴的相互性、三因素结构与有关范畴的相互性三个关联式编码。

表 2-15 勇气及其结构的核心式编码

勇气及其结构	名称			材料来源（个）	参考点（个）
关联式编码 1	三因素间的关联性	关联式编码 1.1	坚毅的必要性	11	20
		关联式编码 1.2	三因素过程性	6	8
关联式编码 2	有关范畴的相互性	关联式编码 2.1	影响因素决定策略	8	8
		关联式编码 2.2	勇者感染勇气经历	8	11
关联式编码 3	三因素结构与有关范畴的相互性	—		7	8

首先，11 位受访者共 20 次谈到坚毅的必要性，如“坚毅是勇气因素中必不可少的，没有坚毅的存在，无法做到承担责任和行为突破，更谈不上真正的勇气”（LDP）。6 位受访者 8 次提到了担当、坚毅、突破，依次对应行为目的、行为过程、行为结果三阶段的看法，这种时间先后的关联性被描述为“先是出于一种责任，然后坚持住，最后行为上突破”（CYL）。其次，勇气有关范畴之间也存在相互作用。8 位受访者认为勇气的影响因素决定其培养策略，如“培养勇气肯定要考虑影响因素，从小培养的话，应提供一个好的家庭环境”（HHB）。有勇气的人，特别是深受大众敬佩的名人，能够感染人们并使其做出积极的改变，就像“持日心说的哥白尼，敢于挑战权威，更是需要勇气。他们及其身上的勇气都对我平日的行为表现有所感化”（CJ）。最后，勇气结构与有关范畴之间的相互影响被 7 位受访者谈到 8 次，他们认为勇气及其结构决定勇者及勇气经历的判定标准，并制约影响因素及培养策略。整合开放式编码、关联式编码和核心式编码的结果，绘制勇气结构模型（图 2-3）。

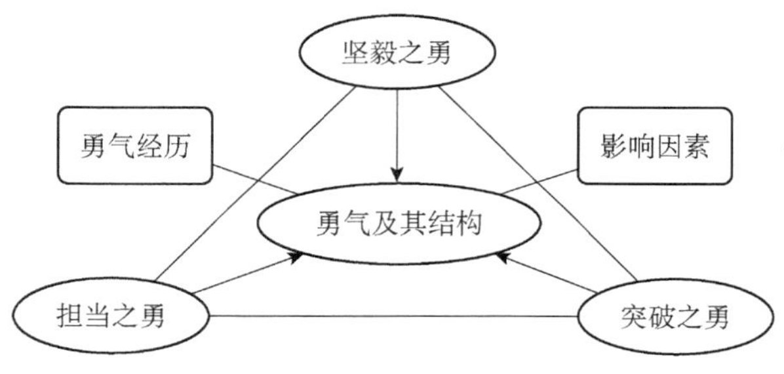

图 2-3　勇气结构模型

（三）分析讨论

中国人的勇气是一个多因素共同发挥作用的系统。本次访谈中，受访者在勇气的内在结构、影响因素及亲身经历三个方面做了深入阐释，为更全面地理解现代中国人对勇气的看法提供了建设性的思路。

1. 勇气的主要成分

第一个有意义的结果是，坚毅之勇、突破之勇、担当之勇构成了中国人的勇气。这一结果与前期开放式调查、古籍分析关于勇气内涵的结论高度一致，再次验证了中国人的勇气具有现代性和传统性相统一的特点。判断中国人是否有勇气，应从中国文化、社会、历史脉络出发，系统分析构成勇气的坚毅、突破、担当三个子系统。也就是说，一个人是否勇敢不只是看行为结果的突破性价值，还需要关注做出勇敢行为的出发点是否有责任感、正义感，以及行为过程中是否付出努力、坚定不移。

2. 男性勇者居多

第二个有意义的结果是，出现次数排名靠前的男性名人勇者明显多于女性。受访者在描述有勇气的经历过程中，共有 93 位名人勇者被提及，他们大多分布于政治和军事领域，这些领域中男性占绝对优势，因此出现的男性名人勇者更多是符合常理的。这种性别差异似乎暗示，在中国人的观念里，勇气可能是一种具有男性色彩的心理品质。正如中国成语中的骁勇善战、勇冠三军、“一夫当关，万夫莫开”等，多用于形容男性有很大的勇气。同样，西方人群中的调查结果也得到女性的勇敢行为不如男性的勇敢行为那样频繁的结果。

3. 愤怒情绪激发勇气

本次访谈中另一个值得探讨的结果是，愤怒情绪是最常被提及的影响勇气的因素。这一结果也出现在了部分西方人的道德勇气研究中，他们认为个体在内心感到愤怒时，倾向于做出捍卫道德准则的行为（Niesta et al.，2010）。回溯中华民族的近代史，可知自己国家的主权、名誉和同胞受到伤害，更会激发人们平时不轻易表达的爱国热情，激发人们挺身而出、为国牺牲、维护正义的勇气。然而，也有调查结果否认愤怒情绪与个体的勇气之间存在直接的联系（Batson et al.，2007）。

4. 鼓励促进勇气养成

此外，虽然勇气具有跨时间的连续性和跨情境的一致性，但还是可以通过某些方式加以培养。受访者从四个不同层面提出了相应的勇气培养策略，其中，正面鼓励是最常用的，如“勇气可能会遗传，俗话说‘虎父无犬子’，但后天的培养更重要，从小就多鼓励、赞扬”（JXZ）。这些策略也许对训练军人、警察、消防员、运动员、教师、护士等特殊职业人员有一定的应用价值。

（四）研究结论

以深度访谈为资料收集方法，运用 N8 软件对访谈转录文本进行编码，初步产生 239 个开放式编码和 3 个关联式编码，归纳出一个核心式编码，最终构建了中国人勇气的理论模型：勇气由坚毅之勇、突破之勇、担当之勇构成，这三个成分依次贯穿于勇敢行为的发展过程中；勇气及其结构与勇敢行为经历、影响勇气的因素存在密切的联系。

本 章 小 结

从本章的古籍分析、开放式调查、传记分析和深度访谈结果来看，现代人对勇气的看法与古籍中对勇气的阐释的一致性颇高，都论及了勇气内含坚毅之勇、突破之勇、担当之勇，大体分为个人取向和社会取向两种取向。鉴于此，本书提出中国人勇气结构模型（Structural Model of Chinese Courage，SMCC），如图 2-4 所示。该模型包含三个要点：①从动机的视角，勇气分为社会取向勇气和个人取向勇气两类，社会取向勇气主要为了世界、国家、民族、集体以及他人，个人取向勇气则主要为了自己；②社会取向勇气和个人取向勇气都包含坚毅之勇、突破之勇、担当之勇三个维度；③两种取向的勇气存在一定的相关性，当两者出现冲突时，中国人更看重社会取向勇气。

勇气作为一种优良的心理品质，也是受中国几千年博大精深的文化熏陶而形成的。因此，研究这种人格品质必须立足于特定的社会文化背景，充分考虑可能存在的文化差异（黄希庭，尹天子，2012）。同时，勇气又是一种被全人类崇尚的正向心理品质，中国人的勇气结构与西方人的勇气结构自然存在某些相通的契合点。换句话说，不同文化背景下的人们对勇气的解释显示出一致性与差异性的统一。本章通过中国古籍中“勇”的分析、现代中国人勇气的公众观调查、不同职业人员勇气的深度访谈、典型勇者的传记分析四种途径，深入探索了中国人勇气的结构，得到中国人的勇气既有鲜明的中华民族特色，也适当吸收了西方文化中勇气的若干成分。在此，我们从文化特异性和普适性两个视角，进一步论证中国人勇气结构的合理性。

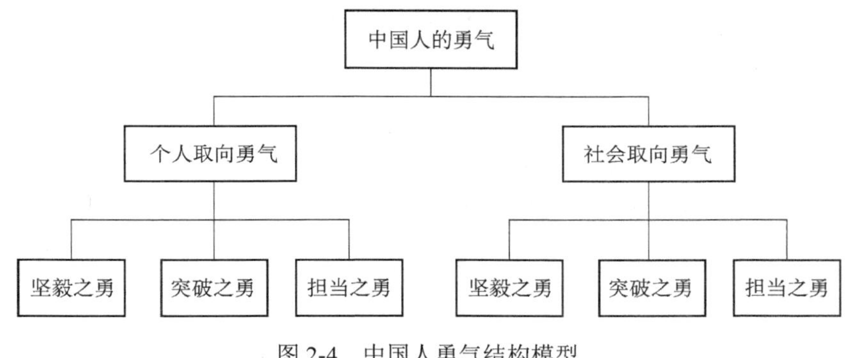

图 2-4　中国人勇气结构模型

首先，将勇气分为个人和社会两种相对独立的取向，反映出中国人勇气的文化特异性。不少学者认为现代中国人的心智系统中同时存在两种不同的互动模式，即个人取向和社会取向（陆洛，2007；杨国枢，2004），并依据这两种取向探索中国化人格概念的结构，如青年学生的自我价值感、华人的自我观等（黄希庭，杨雄，1998；陆洛，杨国枢，2005）。而且中国人的“人己观”也有“大我”与“小我”的差异，社会取向的“大我”与个人取向的“小我”涉及不同的内涵。可见，分别从个人取向与社会取向两种视角建构勇气更符合中国人的认知特点，也证实了本书提出的中国人勇气结构的合理性。

其次，中国人勇气的结构中的担当之勇成分，也体现了鲜明的中国特色。担当之勇意指人们遇事能够主动挺身而出，果断承担责任，不迟疑，不退缩。主动承担自我责任属于个人取向担当之勇，而积极主持捍卫社会正义属于社会取向担当之勇。现代社会倡导的见义勇为精神便属于这一类型，见义勇为在救灾抢险、与违法犯罪做斗争等危急时刻显得尤为重要，历来受到全社会的广泛赞许。研究者通过分析有关“勇”的核心词汇，发现“大义之勇”是勇气的构成要素之一（李林兰，2009）。追溯渊源，担当之勇也被古代思想家所推崇，常与仁德、大义联系在一起，如“仁者，必有勇”（杨伯峻，1980），“有义之谓勇敢”（杨天宇，2007）。庄子的圣人之勇、孟子的大勇、荀子的上勇、“二程”的义理之勇（程颢，程颐，1981）都以“德义”为统率，都属于这类担当之勇。故这种大义担当的勇气不仅承载了优良的中华传统，而且闪烁着时代光辉。这种差异与东西方文化价值观的分歧密切相关，在中国人的价值体系中，社会是协助个体发展的温床，社会和谐是个体幸福快乐的源泉，“社会取向”“大我优先”是中国社会民众的主要互动方式。相反，西方价值体系中人的价值往往建立在能否冲破社会的限制及约束上，个体为了自己而生存，个人主义是西方民众为人处世的核心法则（杨中芳，2009b）。以上文化差异性反映了独具中国特色的思维成果，是中国化勇气研究的立足点，也是中国文化对国际心理学的重要贡献。

再次，普适性表现为两种文化背景下，勇气都包含坚毅成分。坚毅之勇在中国文化中有很深的渊源，关于“勇”的古籍分析就归纳出“坚定笃志”这一要素，经典论述如“折而不挠，勇也”（王先谦，1988），“持节不恐谓之勇”（贾谊，2007）。而且，勇气的公众观调查、深度访谈、多次预试数据均探索出坚毅之勇是中国人勇气的构成要素之一。坚毅之勇反映出人们面对挫折、压力、诱惑时坚强不屈，追求理想、信念、原则时矢志不渝。同样，西方人勇气的结构也存在相似的坚毅成分。譬如，被广泛应用的西方量表 VIA-IS 中的勇气美德，坚毅就是其中一项重要的性格优势；另一测量勇气的西方量表 SCS 中的决心维度与坚毅之勇的含义较接近。这种坚毅之勇也常被西方先哲论及，就如柏拉图（1986）指明，“勇敢的人无论处于哪种逆境中，都永远保持自己的信念而不抛弃”，还有叔本华（2003）认为，“勇气其实是一种坚韧”。

最后，契合之处是中西方勇气的结构均涉及突破因素。突破之勇主要指人们敢于对现状做出突破性改变，表现为开拓创新、战胜恐惧、挑战极限、超越自我等。主动接纳自己的缺陷、努力克服内心的恐惧、大胆尝试新事物、迎接未知的挑战等行为，皆是当今中国人突破之勇的现实表现。古典文献中突破之勇的表述更是不胜枚举，如“勇者不惧”（杨伯峻，1980），“勇于惟新”（陆九渊，1980）。类似地，西方学者对勇气的解读亦包含突破创新之意（斯奈德，洛佩斯，2013）。例如，创造性勇气的概念包含发现新事物、做出新发明等能够推进社会发展的重大突破；生命勇气或心理勇气也是一种重要的勇气类型，多指遇到潜在心理障碍及情绪问题时，能接受关于自我的负面信息，实现自我超越。

下一章将在中国人勇气结构模型的基础上，编制中国人勇气的测量工具，用量化的方法为社会取向勇气和个人取向勇气提供操作性定义，以期更准确地反映当今中国人勇气的实际状况。

第三章
勇气的测量指标

勇气是中国民众适应各种复杂外界环境的产物，也是中华美德的核心范畴之一，位于健全人格理论体系的第三层次。这一人格概念既继承了优秀的中国文化传统，又具有现代生命力。本章旨在基于中国历史、文化、社会实际，设计适合测量中国人勇气的工具，并验证勇气测量工具的有效性。

第一节　勇气量表的编制

在中国文化中，勇气被定义为人在面对困难时表现出来的以坚守、进取、突破等为特点的一种心理品质。第二章的系列研究发现，古代先哲和现代公众对勇气的构成要素及分类都有比较一致的见解。对中国经典古籍的探析得出，勇气的内涵涉及威猛强悍、临危不惧、坚定笃志、果敢决断、大义担当、知耻革新六个方面，分为义理之勇和血气之勇两类。现代公众观调查和深度访谈的结果显示，人们认可的勇气很大程度上是一种意志品质，大致由坚定性、责任性、突破性三个因素构成，其在社会和个人两大领域具有不同的外在表现。同时，采用人格特质词对典型勇者吴宓的人格特征分析也获得了类似的结论。这些探索性研究提示，中国人的勇气可能包括社会取向和个人取向两类，并围绕坚毅性、突破性、担当性三个因素分别建构。综上所述，本节试图编制测量中国人勇气的有效工具，以验证勇气的结构理论。

一、研究方法

（一）研究对象

选取重庆、四川、江西、广东、山西、云南、江苏七个地区的中学生、大学生、社会人员作为预测问卷 1～3 的调查对象。三次预试样本量依次为 420 人、1000 人、1200 人，回收问卷依次为 402 份、933 份、1157 份，有效问卷依次为 365 份、847 份、1001 份。其中，男性分别有 178 人、414 人、536 人，女性分别有 187 人、433 人、465 人；所有被试的年龄为 12～65 岁。

（二）题目来源

预试问卷 1 的题目编制步骤如下：第一步，根据中国经典古籍分析、开放式调查、深度访谈、传记分析中的论述收集项目，并参考相关人格量表，如 VIA-IS、WPCS、Marlowe-Crowne 社会期望量表（Crowne，Marlowe，1960）中有关项目的描述，共获得 118 个题目。第二步，以含义明确、反映理论构想、表达简洁无重复为标准，将 118 个题目修改成 90 个题目。第三步，将这 90 个题目编制成问卷，分别请 5 位心理学专业博士及硕士研究生进行项目评价，根据他们的意见修改和增删题目，确定了 70 个题目。第四步，将这 70 个题目构成的问卷，分别请 10 名中学生、10 名大学生、20 名社会人士再次进行项目评价，根据他们的意见再次删改成 47 个题目，形成预试问卷 1。其中，个人取向分量表有 22 题，社会取向分量表有 19 题，印象管理分量表有 5 题，效度测量有 1 题；采用 5 点评分，1= “非常不符合”，5= “非常符合”。预试问卷 2 和预试问卷 3 的题目都是基于预试问卷 1 的修改而确定的。

（三）施测程序

发放预试问卷 1，要求被试对所有的题目逐一进行自我评定。使用统一的指导语，学生被试采用集体测试，社会人员被试为个别施测。检查收回的预试问卷 1 中被试作答的完整性与真实性，将存在漏答、乱答、规律作答的问卷予以剔除。为保证问卷质量，剔除效度题（测量被试是否认真作答）低于 4 分、印象管理题（测量被试是否说谎、社会赞许性、答题定势）高于 4 分的问卷。然后用 SPSS19.0 统计软件对有效问卷进行统计处理，根据项目分析和探索性因素分析结果，修改题项用于再次施测。预试问卷 2 和预试问卷 3 的测试程序基本同预试问卷 1，三次施测时间为 2014 年 3 月—2014 年 7 月，主试都是经过培训或有经验的研究人员。

二、研究结果

（一）预试问卷 1 施测

1. 项目分析

对 365 个有效数据进行极端值、缺失值、反向计分等处理，并通过实施项目分析来检验量表及每个题项的适切性。采用极端组比较法、同质性检验法考察每个题项的适切性（吴明隆，2010）。极端组比较法的判别指标为临界比（critical ration，CR），同质性检验法的判别指标包括题项与总分的相关系数及校正后的相关系数、题项在量表共同因素中的因素负荷量和共同性、内部一致性信度检验值。项目分析结果如表 3-1 所示。根据判别标准，删除量表中 AC04、AB13、AB15、AB37、AC39、BC20 这 6 个题项，将剩余题项纳入下一步探索性因素分析。

表 3-1 “中国人勇气量表”项目分析摘要表（预试 1）

题项	极端组比较和同质性检验						未达指标数量	备注
	CR 值	与总分相关	校正与总分相关	删除后的 α 值	共同性	因素负荷量		
AC04	6.979***	0.423**	0.349	0.870	0.171	0.414	3	删除
AA05	11.784***	0.562**	0.499	0.866	0.340	0.583	0	保留
AB06	10.241***	0.542**	0.477	0.866	0.296	0.544	0	保留
AC11	8.728***	0.495**	0.429	0.868	0.235	0.484	0	保留
AA12	9.076***	0.504**	0.436	0.868	0.275	0.525	0	保留
AB13	9.085***	0.471**	0.391	0.869	0.192	0.438	3	删除
AB15	9.102***	0.445**	0.356	0.871	0.159	0.398	3	删除
AA16	10.538***	0.538**	0.479	0.867	0.305	0.552	0	保留
AC17	9.662***	0.564**	0.508	0.866	0.329	0.573	0	保留
AB22	11.606***	0.577**	0.517	0.865	0.328	0.572	0	保留
AA23	10.029***	0.510**	0.436	0.868	0.252	0.502	0	保留
AC24	7.981***	0.488**	0.421	0.868	0.230	0.480	0	保留
AB27	12.001***	0.579**	0.512	0.865	0.333	0.577	0	保留
AC33	7.786***	0.509**	0.444	0.867	0.264	0.514	0	保留

续表

题项	极端组比较和同质性检验						未达指标数量	备注
	CR 值	与总分相关	校正与总分相关	删除后的 α 值	共同性	因素负荷量		
AA34	9.909***	0.600**	0.545	0.865	0.381	0.617	0	保留
AB35	9.237***	0.543**	0.476	0.866	0.300	0.547	0	保留
AB37	8.229***	0.417**	0.314	0.874	0.131	0.362	3	删除
AA38	11.499***	0.655**	0.606	0.863	0.469	0.685	0	保留
AC39	7.178***	0.440**	0.370	0.870	0.189	0.435	3	删除
AA43	11.111***	0.594**	0.534	0.865	0.381	0.617	0	保留
AB44	10.208***	0.538**	0.472	0.867	0.283	0.532	0	保留
AB46	11.020***	0.619**	0.568	0.864	0.420	0.648	0	保留
BC01	13.096***	0.621**	0.566	0.885	0.391	0.625	0	保留
BA02	10.830***	0.593**	0.532	0.886	0.374	0.612	0	保留
BB03	8.706***	0.510**	0.446	0.888	0.259	0.509	0	保留
BC08	8.780***	0.497**	0.423	0.889	0.233	0.482	0	保留
BA09	13.307***	0.674**	0.623	0.883	0.479	0.692	0	保留
BB10	9.684***	0.472**	0.398	0.890	0.209	0.457	1	保留
BB18	13.373***	0.621**	0.565	0.885	0.390	0.624	0	保留
BA19	14.467***	0.667**	0.607	0.883	0.460	0.678	0	保留
BC20	7.928***	0.450**	0.379	0.890	0.189	0.434	3	删除
BB25	10.806***	0.576**	0.503	0.887	0.320	0.566	0	保留
BA26	10.480***	0.576**	0.514	0.886	0.344	0.586	0	保留
BC28	13.102***	0.617**	0.557	0.885	0.380	0.616	0	保留
BC30	11.606***	0.577**	0.517	0.886	0.331	0.575	0	保留
BA31	11.734***	0.611**	0.550	0.885	0.390	0.625	0	保留
BB32	12.362***	0.615**	0.550	0.885	0.371	0.609	0	保留
BB40	12.151***	0.607**	0.540	0.886	0.360	0.600	0	保留
BA41	13.142***	0.635**	0.576	0.884	0.416	0.645	0	保留
BC42	11.884***	0.574**	0.496	0.887	0.310	0.556	0	保留
BC45	11.893***	0.582**	0.518	0.886	0.331	0.576	0	保留
标准	≥3.000	≥0.400	≥0.400	≤α	≥0.200	≥0.450		

2. 探索性因素分析

两个分量表的KMO值分别为0.90、0.91，χ^2值分别为1763、2443，$p<0.001$，MSA值分别为0.86～0.93、0.88～0.95。此结果表明有共同因子存在，很适合做因素分析。用主成分分析法、正交和斜交转轴，综合考虑特征值大于1、陡坡图走向、因素命名等指标，确定两个分量表的因素个数，结果如表3-2所示。在两个分量表中均抽取三个因子，总体上与勇气结构理论构想相符，累计解释变异量分别为49.89%、53.78%。AB44、AB46、BA19因交叉负荷过高而被删除，结合被试反馈加以修订得到预试问卷2，包括个人取向分量表17题、社会取向分量表16题、印象管理8题、效度测量1题。

表3-2 "中国人勇气量表"探索性因素分析摘要表（预试1）

题项	直接斜交转轴后结构和样式矩阵			最大变异正交转轴后成分矩阵			共同性
	1	2	3	1	2	3	
AA16	0.737（0.787）			0.738			0.553
AA43	0.721（0.688）			0.681			0.525
AA38	0.716（0.616）			0.643			0.556
AA05	0.693（0.679）			0.663			0.509
AA12	0.672（0.688）			0.658			0.485
AA34	0.605（0.477）			0.522			0.473
AA23	0.577（0.555）			0.547			0.344
AB44	0.478（0.343）	−0.475（−0.337）			0.397		0.321
AB27		−0.770（−0.781）			0.752		0.594
AB22		−0.730（−0.724）			0.705		0.552
AB35		−0.708（−0.694）			0.680		0.502
AB46	0.543（0.324）	−0.643（−0.494）			0.555		0.507
AB6		−0.589（−0.510）			0.534		0.390
AC17			0.754（0.715）			0.715	0.579
AC24			0.735（0.739）			0.720	0.546
AC33			0.728（0.700）			0.696	0.538
AC11			0.708（0.699）			0.686	0.509

续表

题项	直接斜交转轴后结构和样式矩阵			最大变异正交转轴后成分矩阵			共同性
	1	2	3	1	2	3	
旋转后特征值	4.359	3.828	3.099	3.353	2.810	2.319	
BA31	0.809（0.847）			0.788			0.658
BA09	0.781（0.723）			0.714			0.621
BA26	0.764（0.797）			0.744			0.593
BA41	0.762（0.737）			0.713			0.582
BA02	0.729（0.712）			0.684			0.535
BA19	0.684（0.548）	0.451（0.174）	0.469（0.132）	0.584			0.515
BB18		0.814（0.806）			0.783		0.662
BB25		0.802（0.834）			0.790		0.647
BB32		0.790（0.778）			0.757		0.626
BB40		0.745（0.711）			0.703		0.562
BB03		0.632（0.613）			0.601		0.415
BC42			0.715（0.725）			0.685	0.512
BC45			0.715（0.698）			0.674	0.521
BC28			0.700（0.639）			0.635	0.513
BC30			0.692（0.674）			0.649	0.490
BC01			0.682（0.599）			0.609	0.485
BC08			0.654（0.695）			0.644	0.442
旋转后特征值	4.807	4.547	4.435	3.356	3.384	2.940	

注：括号内为样式矩阵因素负荷，下同

（二）预试问卷 2 施测

1. 项目分析

与预试问卷 1 分析过程相似，对预试问卷 2 的 847 个有效数据进行项目分析，结果如表 3-3 所示。由于总题项数较少，考虑采纳较宽松的判别标准，删除量表中题项 AB03、AC08、AA19、BB06、BC20，被保留的题项进入探索性因素分析。

表 3-3 “中国人勇气量表”项目分析摘要表（预试2）

题项	极端组比较和同质性检验						未达指标数量	备注
	CR 值	与总分相关	校正与总分相关	删除后的 α 值	共同性	因素负荷量		
AA01	13.855***	0.507**	0.422	0.811	0.270	0.519	0	保留
AA02	14.632***	0.534**	0.442	0.809	0.302	0.550	0	保留
AB03	12.433***	0.413**	0.295	0.819	0.131	0.361	3	删除
AC04	14.677***	0.492**	0.395	0.812	0.217	0.465	1	保留
AA06	17.159***	0.586**	0.505	0.806	0.370	0.609	0	保留
AB07	14.938***	0.524**	0.427	0.810	0.270	0.519	0	保留
AC08	11.534***	0.441**	0.333	0.816	0.173	0.416	3	删除
AA10	15.418***	0.563**	0.482	0.807	0.345	0.587	0	保留
AA11	12.589***	0.469**	0.381	0.813	0.225	0.475	1	保留
AB12	11.640***	0.450**	0.351	0.815	0.193	0.440	3	保留
AC13	12.180***	0.502**	0.410	0.811	0.251	0.501	0	保留
AA15	17.502***	0.596**	0.515	0.805	0.386	0.621	0	保留
AB16	16.933***	0.572**	0.489	0.807	0.354	0.595	0	保留
AC17	16.366***	0.560**	0.472	0.807	0.320	0.566	0	保留
AA19	12.563***	0.460**	0.344	0.816	0.177	0.421	3	删除
AB20	14.063***	0.510**	0.420	0.811	0.258	0.508	0	保留
AC21	12.416***	0.507**	0.424	0.811	0.270	0.519	0	保留
BA01	11.756***	0.413**	0.321	0.830	0.160	0.400	3	保留
BB02	14.729***	0.506**	0.409	0.825	0.241	0.491	0	保留
BC03	13.937***	0.497**	0.401	0.826	0.230	0.480	0	保留
BA05	12.872***	0.499**	0.419	0.825	0.256	0.506	0	保留
BB06	8.970***	0.351**	0.224	0.838	0.078	0.279	5	删除
BC07	18.848***	0.671**	0.524	0.818	0.386	0.621	0	保留
BA09	14.651***	0.537**	0.447	0.823	0.290	0.538	0	保留
BB10	17.177***	0.577**	0.482	0.821	0.340	0.583	0	保留
BC11	16.421***	0.590**	0.507	0.819	0.367	0.606	0	保留
BA13	17.188***	0.601**	0.524	0.819	0.388	0.623	0	保留
BB14	20.472***	0.626**	0.542	0.817	0.410	0.640	0	保留
BC15	17.071***	0.596**	0.516	0.819	0.372	0.610	0	保留

续表

题项	极端组比较和同质性检验						未达指标数量	备注
	CR 值	与总分相关	校正与总分相关	删除后的 α 值	共同性	因素负荷量		
BA16	18.406***	0.629**	0.545	0.817	0.409	0.640	0	保留
BB17	16.990***	0.590**	0.520	0.820	0.375	0.613	0	保留
BC18	16.044***	0.576**	0.498	0.820	0.353	0.594	0	保留
BC20	9.032***	0.350**	0.246	0.834	0.097	0.312	5	删除
标准	≥3.000	≥0.400	≥0.350	≤α	≥0.160	≥0.400		

2. 探索性因素分析

预试问卷 2 中两个分量表的 KMO 值分别为 0.89、0.88，χ^2 值分别为 2156、2963，$p<0.001$，MSA 值分别为 0.84～0.91、0.84～0.92，表明量表题项相当适合做因素分析。因素萃取和转轴、因素个数确定标准同预试问卷 1，探索性因素分析结果如表 3-4 所示。在个人取向和社会取向两个分量表中仍各抽取三个因子，与维度构想大体吻合，累计解释变异量分别为 45.35%、50.17%。

AA01、AA15、BB17 交叉负荷过高，AB20、BA16、BC15 有悖于假设，故这些题项需删改。对印象管理题进行单因子探索性因素分析，结果保留因素负荷大于 0.45 的 5 个题作为预试问卷 3 的印象管理题项。预试问卷 3 由个人取向分量表（17 题）、社会取向分量表（17 题）、印象管理（5 题）、效度测量（1 题）组成。

表 3-4　“中国人勇气量表”探索性因素分析摘要表（预试 2）

题项	直接斜交转轴后结构和样式矩阵			最大变异正交转轴后成分矩阵			共同性
	1	2	3	1	2	3	
AA02	0.788（0.845）			0.790			0.634
AA06	0.701（0.656）			0.655			0.507
AA10	0.642（0.564）			0.579			0.448
AA01	0.573（0.501）	0.483（0.342）		0.514			0.432
AA11	0.503（0.438）			0.455			0.309
AB12		0.742（0.773）			0.742		0.556
AB16		0.699（0.609）			0.643		0.538

续表

题项	直接斜交转轴后结构和样式矩阵			最大变异正交转轴后成分矩阵			共同性
	1	2	3	1	2	3	
AB07		0.647（0.611）			0.615		0.462
AA15	0.489（0.276）	0.499（0.328）	0.451（0.253）		0.409		0.413
AB20			0.716（0.746）			0.712	0.518
AC21			0.696（0.696）			0.677	0.485
AC13			0.599（0.563）			0.567	0.379
AC17			0.563（0.473）			0.501	0.362
AC04			0.550（0.544）			0.532	0.306
旋转后特征值	3.034	2.483	2.884	2.231	1.888	2.230	
BA05	0.784（0.814）			0.777			0.619
BA13	0.689（0.597）			0.625			0.516
BA01	0.657（0.697）			0.658			0.439
BA09	0.592（0.492）			0.529			0.392
BB14		0.782（0.767）			0.750		0.613
BB10		0.768（0.777）			0.750		0.593
BB02		0.697（0.747）			0.701		0.500
BC15		0.667（0.608）			0.616		0.466
BB17	0.484（0.336）	0.555（0.438）			0.476		0.418
BC07			−0.826（−0.875）			0.808	0.693
BA16			−0.755（−0.716）			0.697	0.578
BC11			−0.625（−0.523）			0.543	0.445
BC03			−0.623（−0.646）			0.602	0.396
BC18			−0.511（−0.316）			0.389	0.355
旋转后特征值	2.902	3.435	3.373	2.152	2.621	2.250	

（三）预试问卷 3 施测

1. 项目分析

对 1001 份有效问卷进行项目分析，项目分析步骤和判别标准同预试问卷 1，结果如表 3-5 所示。题项 AB17、BC09 因未达到临界标准和题项 AA07、AC15、

BB08、BB16因被试反馈不佳都被删除，其他题项进入之后的探索性因素分析。

表 3-5 “中国人勇气量表”项目分析摘要表（预试3）

题项	极端组比较和同质性检验						未达指标数量	备注
	CR值	与总分相关	校正与总分相关	删除后的α值	共同性	因素负荷量		
AA01	17.351***	0.527**	0.440	0.838	0.275	0.525	0	保留
AB02	17.961***	0.543**	0.459	0.837	0.305	0.552	0	保留
AC03	15.400***	0.513**	0.436	0.838	0.271	0.521	0	保留
AA04	17.861***	0.551**	0.472	0.837	0.316	0.563	0	保留
AB05	19.167***	0.579**	0.494	0.835	0.329	0.574	0	保留
AC06	15.841***	0.488**	0.390	0.841	0.214	0.462	0	保留
AA07	14.285***	0.500**	0.407	0.840	0.237	0.487	0	删除
AB08	19.558***	0.583**	0.509	0.835	0.364	0.603	0	保留
AC09	17.176***	0.523**	0.437	0.838	0.265	0.515	0	保留
AA10	17.785***	0.549**	0.469	0.837	0.313	0.559	0	保留
AB11	20.070***	0.611**	0.532	0.833	0.378	0.615	0	保留
AC12	18.309***	0.576**	0.500	0.835	0.332	0.576	0	保留
AA13	18.633***	0.558**	0.478	0.836	0.329	0.573	0	保留
AB14	20.875***	0.602**	0.531	0.834	0.390	0.624	0	保留
AC15	14.737***	0.478**	0.388	0.841	0.222	0.471	0	删除
AA16	18.889***	0.570**	0.490	0.836	0.326	0.571	0	保留
AB17	13.126***	0.428**	0.311	0.846	0.147	0.383	3	删除
BA01	14.545***	0.507**	0.416	0.860	0.233	0.483	0	保留
BB02	14.447***	0.485**	0.398	0.861	0.231	0.481	0	保留
BC03	19.227***	0.580**	0.507	0.856	0.330	0.574	0	保留
BA04	19.718***	0.613**	0.540	0.854	0.372	0.610	0	保留
BB05	18.574***	0.588**	0.516	0.855	0.363	0.603	0	保留
BC06	18.940***	0.589**	0.506	0.856	0.349	0.591	0	保留
BA07	22.544***	0.657**	0.587	0.852	0.429	0.655	0	保留
BB08	15.731***	0.540**	0.471	0.857	0.294	0.542	0	删除
BC09	14.040***	0.436**	0.332	0.865	0.154	0.392	4	删除
BA10	15.810***	0.566**	0.488	0.857	0.318	0.564	0	保留
BB11	20.017***	0.599**	0.529	0.855	0.380	0.616	0	保留

续表

题项	极端组比较和同质性检验						未达指标数量	备注
	CR 值	与总分相关	校正与总分相关	删除后的 α 值	共同性	因素负荷量		
BC12	17.329***	0.584**	0.513	0.856	0.360	0.600	0	保留
BA13	19.498***	0.561**	0.473	0.857	0.287	0.536	0	保留
BB14	17.946***	0.579**	0.503	0.856	0.356	0.596	0	保留
BC15	18.399***	0.585**	0.520	0.856	0.365	0.604	0	保留
BB16	20.118***	0.607**	0.540	0.854	0.395	0.629	0	删除
BC17	15.664***	0.509**	0.430	0.859	0.256	0.506	0	保留
标准	≥3.000	≥0.400	≥0.350	≤α	≥0.200	≥0.450		

2. 探索性因素分析

预试问卷 3 中两个分量表的 KMO 值分别为 0.88、0.89，χ^2 值分别为 3326、4136，$p<0.001$，MSA 值分别为 0.85～0.91、0.86～0.90，表明适合进行因素分析。探索性因素分析结果显示，在两个分量表中各抽取三个因子，累计解释变异分别为 50.14%、54.72%，因子负荷矩阵如表 3-6 所示。因子 1 主要涉及个体在遇到各种困境时百折不挠以及对理想、信念、原则等坚定不移，命名为“坚毅之勇”；因子 2 主要反映个体敢于打破、超越、挑战现状，命名为“突破之勇”；因子 3 主要涉及个体主动承担责任、见义勇为，命名为“担当之勇”。坚毅之勇、突破之勇、担当之勇分别聚焦于个人取向和社会取向两大领域。个人取向勇气分量表的三个因子多从维护个人利益的动机出发，而社会取向勇气分量表主要出于为世界、国家、集体及他人的福祉考虑。至此，“中国人勇气量表”（Chinese Courage Inventory，CCI）包含中国人个人取向勇气分量表（Individually-oriented Chinese Courage Inventory，CCI-I）和中国人社会取向勇气分量表（Socially-oriented Chinese Courage Inventory，CCI-S）各 14 个项目、印象管理（Social Desirability Responding，SDR）5 个项目、效度检核（Validity Check，VC）1 个项目（附录 3）。

表 3-6 “中国人勇气量表”探索性因素分析摘要表（预试3）

题项	直接斜交转轴后结构和样式矩阵			最大变异正交转轴后成分矩阵			共同性
	1	2	3	1	2	3	
AA10	0.736（0.752）			0.721			0.543
AA13	0.718（0.704）			0.692			0.536
AA04	0.653（0.612）			0.611			0.436
AA01	0.614（0.578）			0.575			0.390
AA16	0.603（0.532）			0.547			0.392
AB08		−0.747（−0.722）			0.711		0.601
AB14	0.466（0.220）	−0.734（−0.682）			0.685		0.585
AB02		−0.706（−0.699）			0.677		0.501
AB11		−0.688（−0.633）			0.627		0.529
AB05		−0.687（−0.674）			0.647		0.548
AC12			0.749（0.707）			0.720	0.583
AC06			0.713（0.711）			0.702	0.508
AC09			0.680（0.638）			0.654	0.482
AC03			0.537（0.449）			0.490	0.384
旋转后特征值	3.278	3.346	2.573	2.464	2.462	2.093	
BA04	−0.797（−0.766）			0.768			0.652
BA01	−0.780（−0.810）			0.784			0.617
BA07	−0.770（−0.708）			0.727			0.624
BA13	−0.728（−0.715）			0.714			0.590
BA10	−0.709（−0.673）			0.676			0.587
BB11		−0.825（−0.802）			0.794		0.683
BB14		−0.772（−0.727）			0.733		0.607
BB05		−0.701（−0.639）			0.654		0.527
BB02		−0.492（−0.372）			0.427		0.349
BC15			0.714（0.678）			0.672	0.519
BC17			0.702（0.748）			0.702	0.502
BC06			0.675（0.599）			0.614	0.478
BC03			0.660（0.647）			0.630	0.454
BC12			0.650（0.552）			0.579	0.470
旋转后特征值	3.411	2.993	3.374	2.899	2.262	2.499	

三、分析讨论

中国人勇气的结构是设计其测量工具的重要依据。基于本书第一章和第二章对中西方勇气的文献分析与实证探索，提出中国人的勇气包含个人与社会两大取向，分别由坚毅之勇、突破之勇和担当之勇三个成分组成，三次大样本施测的数据结果也验证了该理论构想。由此得出中国人勇气的测量工具既有中华民族特色，也吸收了西方人勇气的合理成分。

根据前期系列研究结果对“中国人勇气量表”中的个人取向勇气（individually-oriented courage，IOC）、社会取向勇气（socially-oriented courage，SOC）及其包含的维度进行如下界定。个人取向勇气是指个体出于自己利益的考虑，在面对困难时表现出来的坚毅、突破、担当。个人取向坚毅之勇（individually-oriented persistence）就是敢于坚持自我；个人取向突破之勇（individually-oriented breakthrough）就是敢于实现自我突破；个人取向担当之勇（individually-oriented responsibility）就是敢于主动承担自我责任。个人取向的这三个维度之间不仅存在明显的差异，而且作为个人取向勇气的主要成分，能相互制约和促进。社会取向勇气是指个体为了非自我的个人福祉，在面对困难时表现出来的坚毅、突破、担当。社会取向坚毅之勇（socially-oriented persistence）就是能坚守道德原则；社会取向突破之勇（socially-oriented breakthrough）就是敢于打破陈旧的传统，创造新事物；社会取向担当之勇（socially-oriented responsibility）就是敢于肩负社会、民族赋予的使命。社会取向勇气的三个维度之间既相对独立，也存在一定的共变关系，共同构成了社会取向勇气。

“中国人勇气量表”的信度和效度将在下一节中详细阐述。但是从上述编制过程中可以看出，量表项目是在古今中外文献分析、公众观调查、深度访谈、传记分析以及参考权威量表的基础上获得的；初步拟定的项目共 118 条，经同行专家反复论证及小样本被试的反馈意见删改成 47 个题项。多次大样本预试的探索性因素分析结果基本一致，在量表结构趋于稳定后确定最终的项目。因此，“中国人勇气量表”的信效度可以在一定程度上得到保证。

四、研究结论

根据标准化的心理量表编制的流程，本书开发出了“中国人勇气量表”，该量表分为个人取向和社会取向两个分量表，每个分量表均包含坚毅之勇、突破之勇和担当之勇三个维度，为深入研究中国人的勇气提供了测查工具。

第二节　勇气量表的信度和效度

上一节通过三次大规模施测编制出了符合中国人勇气结构理论构想的“中国人勇气量表”，而该量表的信度和效度是否达到测量学的要求则有待进一步验证。所以，本节的内容旨在初步检验“中国人勇气量表”的各类信度和效度，为证明它是有效的勇气测量工具提供一些证据。

一、研究方法

（一）研究对象

正式量表施测的被试来自重庆、四川、江西、新疆等地中学、大学、企事业单位。样本 1～5 分别为 430 人、130 人、200 人、900 人、550 人，回收问卷分别为 411 份、126 份、188 份、851 份、521 份，有效问卷分别为 374 份、110 份、170 份、838 份、497 份。其中，男性分别为 173 人、53 人、70 人、340 人、245 人，女性分别为 201 人、57 人、100 人、498 人、252 人；年龄为 12～65 岁。

（二）研究工具

勇气：采用上一节编制的“中国人勇气量表”及 Duan 等（2012）修订的中文简版 VIA-IS 中勇气美德分量表（Values in Action Inventory of Strengths for Courage，VIA-IS-C）测量。量表采用 5 点评分，包含勇敢、毅力、正直、活力四项性格优势，每项性格优势各包含 4 个项目，共 16 个项目，如“我总能直面自己的恐惧”。总分越高，说明勇气美德越突出。本研究中 VIA-IS-C 的 Cronbach’s α 系数为 0.84。

人际自立：采用夏凌翔和黄希庭（2008）编制的青少年学生人际自立量表（Interpersonal Self-Support Scale of Adolescent Students，ISSS-AS）测量。量表为 5 点评分，包含人际独立、人际开放、人际主动、人际灵活、人际责任五个维度，共 26 个项目。各维度得分越高，表示相关特质水平越高。本研究中各维度的 Cronbach’s α 系数依次是 0.69、0.61、0.68、0.63 和 0.57。

总体自我价值感：采用黄希庭和杨雄（1998）设计的青年学生总体自我价值感量表（Total Self-worth Scale for Adolescents，TSS-A）。该量表为 5 点计分，共 6 个项目。所得总分越高，说明自我价值感的总体水平越高。本研究中该量表的 Cronbach’s α 系数为 0.83。

（三）数据处理

检查每个样本中问卷的完整性与真实性，剔除效度题得分低于 4 分、印象管理题均分高于 4 分、超过 5%项目未作答的数据后，采用 SPSS19.0 和 AMOS19.0 对有效数据进行统计分析。

二、研究结果

（一）量表信度

采用 Cronbach’s α 系数作为量表内部一致性信度指标、Spearman-Brown 系数作为分半信度指标、Pearson 相关系数作为时隔一周的重测信度指标，样本 1～

2 的信度分析结果如表 3-7 所示。两个分量表的 Cronbach's α 系数分别为 0.89、0.91，分半信度分别为 0.90、0.88，重测信度分别为 0.72、0.76；而且各维度的信度都在 0.60 及以上，表明该量表及各维度的跨题项、跨时间的一致性均很高，信度处于“甚佳”的水平（吴明隆，2009）。

表 3-7　“中国人勇气量表”的信度系数

项目	个人取向勇气	担当之勇	坚毅之勇	突破之勇	社会取向勇气	担当之勇	坚毅之勇	突破之勇
α 系数	0.89	0.80	0.85	0.80	0.91	0.85	0.86	0.84
分半信度	0.90	0.80	0.80	0.81	0.88	0.79	0.85	0.82
重测信度	0.72	0.67	0.68	0.70	0.76	0.60	0.79	0.67

注：α 系数和分半信度的计算数据来自样本 1，重测信度的计算数据来自样本 2

（二）量表效度

1. 内容效度

采用 Hambleton 等（1978）研发的内容效度指数作为评估指标。四名专家对量表题项与相应维度的相关性进行了 4 点评分，评分为 3 和 4 的人数占总人数的比例即为该条目的内容效度指数（item-level content validity index，I-CVI），计算所有条目 I-CVI 的均值后得到整个量表的内容效度指数（scale-level content validity index，S-CVI），评价结果如表 3-8 所示。根据 Polit 等（2007）的评价标准，除 4 个条目被评价为良好外，其余条目均被评价为优秀；个人取向勇气和社会取向勇气分量表的 S-CVI 分别为 0.95、0.96。

表 3-8　“中国人勇气量表”的内容效度指数

个人取向勇气	条目	专家评分 *A*	*B*	*C*	*D*	I-CVI	*Pc*	*K**	社会取向勇气	条目	专家评分 *A*	*B*	*C*	*D*	I-CVI	*Pc*	*K**
坚毅之勇	01	3	4	3	4	1.00	0.06	1.00	坚毅之勇	01	4	3	4	4	1.00	0.06	1.00
	02	4	4	4	4	1.00	0.06	1.00		02	4	3	4	4	1.00	0.06	1.00
	12	4	4	4	4	1.00	0.06	1.00		06	4	3	4	4	1.00	0.06	1.00
	13	4	3	4	4	1.00	0.06	1.00		07	3	3	4	3	1.00	0.06	1.00
	14	3	3	3	3	1.00	0.06	1.00		08	4	3	3	4	1.00	0.06	1.00

续表

个人取向勇气	条目	专家评分				I-CVI	*Pc*	*K**	社会取向勇气	条目	专家评分				I-CVI	*Pc*	*K**
		A	*B*	*C*	*D*						*A*	*B*	*C*	*D*			
突破之勇	03	4	4	4	4	1.00	0.06	1.00	突破之勇	05	3	4	4	4	1.00	0.06	1.00
	04	3	3	4	4	1.00	0.06	1.00		09	4	3	3	4	1.00	0.06	1.00
	05	1	3	3	3	0.75	0.25	0.67		10	3	2	3	3	0.75	0.25	0.67
	09	2	3	3	4	0.75	0.25	0.67		13	3	2	3	3	0.75	0.25	0.67
	11	4	3	4	4	1.00	0.06	1.00		14	4	3	4	4	1.00	0.06	1.00
担当之勇	06	3	3	4	4	1.00	0.06	1.00	担当之勇	03	4	3	4	4	1.00	0.06	1.00
	07	4	4	4	3	1.00	0.06	1.00		04	4	4	4	3	1.00	0.06	1.00
	08	3	2	3	4	0.75	0.25	0.67		11	4	4	4	4	1.00	0.06	1.00
	10	4	4	4	4	1.00	0.06	1.00		12	4	3	4	4	1.00	0.06	1.00

注：*A*、*B*、*C*、*D* 为评分专家的编号；*Pc* 为随机一致性概率；*K**为校正后的 Kappa 值

2. 构想效度

通过极大似然法对样本 1 数据进行验证性因素分析，各模型适配度指标如表 3-9 所示。$M_{I\text{-}S}$ 为 6 个一阶因子、2 个二阶因子的总量表斜交模型，M_I 为 3 个一阶因子的个人取向勇气分量表斜交模型，M_S 为 3 个一阶因子的社会取向勇气分量表斜交模型。M_I 和 M_S 中各项目因素负荷量为 0.58～0.85，误差标准误为 0.03～0.06；潜在变量的组合信度为 0.80～0.86，平均抽取变异量为 0.45～0.59，参数的 t 值为 6.73～15.97。结果说明两个分量表的模型适配度及内在质量指标均达到心理测量学标准。

同时，设置了两个替代模型 M_{T1} 和 M_{T2}。M_{T1} 表示包含 28 个项目、3 个一阶因子的斜交模型；M_{T2} 表示包含 6 个一阶因子、3 个二阶因子的斜交模型。各模型的适配度指标如表 3-9 所示，由于 M_{T2} 出现非正定问题，所以未报告相应结果。通过比较替代模型，发现两个分量表各包含三个因子的模型设置适配度最好。

表 3-9 “中国人勇气量表”的适配度指标

模型	χ^2	χ^2/df	GFI	NFI	CFI	TLI	PNFI	RMSEA	RMR
$M_{I\text{-}S}$	798.24	2.33	0.86	0.85	0.91	0.90	0.77	0.06	0.05
M_I	208.64	2.82	0.92	0.91	0.94	0.92	0.74	0.07	0.04
M_S	232.23	3.14	0.92	0.91	0.94	0.93	0.74	0.08	0.05

续表

模型	χ^2	χ^2/df	GFI	NFI	CFI	TLI	PNFI	RMSEA	RMR
M_{T1}	1701.99	4.91	0.67	0.67	0.73	0.71	0.63	0.10	0.08
M_{T2}	—	—	—	—	—	—	—	—	—

注：M 下标中的 I 表示个人取向，S 表示社会取向，T 表示替代模型

对样本 3 的中国人勇气与印象管理及 VIA-IS-C 进行相关分析，具体结果如表 3-10 所示。两种取向的勇气分量表及其各维度都与印象管理相关较低，且与 VIA-IS-C 相关很高，表明量表的区分效度与相容效度较好。

表 3-10　中国人勇气与印象管理、VIA-IS-C 的相关系数

项目	个人取向勇气	担当之勇	坚毅之勇	突破之勇	社会取向勇气	担当之勇	坚毅之勇	突破之勇
印象管理	0.09	0.08	0.08	0.06	0.18*	0.02	0.19*	0.26*
VIA-IS-C	0.68**	0.47**	0.67**	0.57**	0.68**	0.52**	0.60**	0.54**

3. 效标效度

以人际自立、总体自我价值感作为效标变量，将样本 4 和样本 5 的中国人勇气与效标变量进行相关分析，结果如表 3-11 所示。两个分量表及其三个维度与人际自立的五个维度、总体自我价值感都呈显著正相关，且大多属于中等程度相关，符合心理测量学的要求。

表 3-11　中国人勇气与人际自立、总体自我价值感的相关系数

项目	个人取向勇气	担当之勇	坚毅之勇	突破之勇	社会取向勇气	担当之勇	坚毅之勇	突破之勇
人际独立	0.40**	0.28**	0.33**	0.39**	0.21**	0.23**	0.12**	0.17**
人际灵活	0.38**	0.34**	0.34**	0.27**	0.35**	0.32**	0.29**	0.24**
人际开放	0.31**	0.27**	0.25**	0.25**	0.20**	0.21**	0.19**	0.07**
人际责任	0.43**	0.39**	0.39**	0.29**	0.38**	0.33**	0.35**	0.23**
人际主动	0.34**	0.23**	0.25**	0.36**	0.24**	0.23**	0.13**	0.23**
总体自我价值感	0.56**	0.40**	0.54**	0.47**	0.37**	0.32**	0.20**	0.40**

三、分析讨论

本节通过对来自不同地区的5个样本陆续进行施测，初步考察了“中国人勇气量表”的内部一致性信度、分半信度、重测信度、内容效度、构想效度和效标效度，结果均符合人格测量的标准。整体而言，该量表的编制过程具备严谨性和科学性。首先，综合前期古籍分析、开放式调查、深度访谈及传记分析的结果，建构中国人勇气的结构具有坚实的理论基础。其次，严格遵守量表编制程序，对不同样本先后进行了五次施测，共调查4202名有效被试（量表三次预试和信效度检验的所有有效被试总和），并设置11个反向计分题、5个印象管理题来控制答题定势及社会赞许性。最后，验证性因素分析支持了该量表包含个人取向和社会取向两个分量表，分量表各有三个因子的结构。

另一个值得注意的问题是，两个分量表的得分代表两种不同类型的勇气，故其得分加总并无实际意义。这不仅得到调查数据的支持，也体现在实际案例中。例如，个体在个人取向勇气上得分较高，而在社会取向勇气上得分较低，并不等同于其勇气得分中等；并且个人取向勇气与社会取向勇气的得分更是无从比较。当然，这两种勇气之间可能会存在某种联系，就像实际生活中敢于承担自我责任的人更有可能勇敢肩负起家庭、民族的责任。不一样的是，两个分量表的因子得分之和代表两类勇气水平的高低，原因在于坚毅之勇、突破之勇、担当之勇都是两种勇气的构成要素，这些因子之间并非完全独立，很可能是相互配合、相互制约的（程翠萍，黄希庭，2016b）。

四、研究结论

通过分析五次调查结果得到以下结论：“中国人勇气量表”的内部一致性信度、重测信度、内容效度、区分效度及相容效度均达到了心理测量学的要求，可作为测量勇气的可靠工具。

本 章 小 结

在中国人勇气结构理论模型的指导下，本章按照量表编制的规范流程收集了 118 个题目，经专家多次评定和小范围施测后确定了含有 47 个题项的预试问卷。之后实施了三次大范围的预试和修订，最终确定了含有 34 个题项的“中国人勇气量表”。紧接着又进行了 5 个不同样本的施测，通过验证性因素分析、信度分析、相关分析等统计技术初步验证了“中国人勇气量表”的内部一致性信度、分半信度、重测信度、内容效度、构想效度及效标效度，结果证明该量表的信度和效度都达到心理测量学的要求（艾肯，格罗思-马纳特，2011）。

与大多数人格测验一样，勇气作为一种备受崇敬的美德，其测量容易受到社会赞许效应的影响。需要提及的是，在量表设计的过程中增加了印象管理题和效度题来控制社会赞许性的影响。本书研究中，印象管理题测量了个体美化自己形象的回答倾向（Robinson et al.，1997），效度题则用来判断个体自评答题的认真程度。为提高研究的效度，在使用“中国人勇气量表”的每一个子研究中，都进行了统计筛选步骤：删除在 5 个印象管理题上均分大于 4 分的被试数据，同时剔除效度题得分小于 4 分的被试数据。然而，这种作答偏差难以消除，未来可采用更为高效的控制手段，如因素分析法、推理法、共变法、压力减低法等。

第四章

勇气的发展特点

第三章在中国化勇气结构理论的基础上，研制出有效的勇气测量工具——“中国人勇气量表”，为后续寻找中国大众勇气的发展特点奠定了基础。本章将利用这一测量工具进行调查，描述出中国人勇气发展过程中的年龄、性别等方面的特征。

第一节　勇气的年龄和性别特点

千百年来，中国流行一句俗语："初生牛犊不怕虎。"这句俗语似乎告诉人们，年轻人由于知识经验不足、顾虑不多，反而不容易被他人和环境所束缚，其勇气水平很可能超越年长者。事实是否真的如此？一直以来，学术界对不同性别群体的差异研究从未退热，男性和女性在人格上的差异常被研究者津津乐道。在中国文化背景下，社会对男性的基本期望便是勇敢的、坚强的；而女性则被认为应该温婉贤淑，成为站在男性背后的女人。长此以往，中国的男性是否比女性更勇敢呢？本节同样采用心理测量量表收集实证数据来探讨这两个问题，考察中国人勇气的年龄和性别特征。

一、研究方法

（一）研究对象

430 名被试来自重庆、江西等地的中学、大学、企事业单位。经过效度题和印象管理题的筛查之后，保留 374 名有效被试。其中，男性有 173 人，女性有 201 人；年龄为 12～18 岁的共 77 人，19～28 岁的共 178 人，29～60 岁的共 119 人。

（二）研究工具

采用上一章编制的 "中国人勇气量表" 测量研究对象的勇气，两个分量表的 Cronbach's α 系数分别为 0.89、0.91。

（三）数据处理

检查每个被试所答问卷的完整性与真实性，数据处理步骤和所用分析软件同第三章第二节。

二、研究结果

（一）总体特征

描述性统计结果显示，个人取向勇气的均分为3.72，标准差为0.60，其维度坚毅之勇、突破之勇、担当之勇的均分依次为3.79、3.58、3.81，标准差依次为0.72、0.66、0.78；社会取向勇气的均分为3.52，标准差为0.66，其维度坚毅之勇、突破之勇、担当之勇的均分分别是3.83、3.09、3.54，标准差分别为0.73、0.84、0.76。

（二）年龄特征

采用单因素方差分析检验个人取向勇气和社会取向勇气的年龄差异，结果如表4-1所示，结果显示，除了社会取向勇气的坚毅之勇维度外，不同年龄段的被调查对象的勇气水平差异不显著。多重比较发现，中学生的坚毅之勇得分显著高于大学生和职工群体的得分。

表4-1　勇气的年龄差异方差分析

项目	中学生		大学生		职工		*F*
	M	*SD*	*M*	*SD*	*M*	*SD*	
个人取向勇气	3.68	0.60	3.76	0.45	3.70	0.78	0.54
坚毅之勇	3.76	0.73	3.80	0.55	3.80	0.92	0.12
突破之勇	3.50	0.69	3.65	0.52	3.54	0.81	1.78
担当之勇	3.83	0.75	3.84	0.62	3.77	1.00	0.25
社会取向勇气	3.65	0.53	3.47	0.54	3.50	0.85	2.19
坚毅之勇	4.07	0.65	3.77	0.63	3.77	0.90	5.06**
突破之勇	3.26	0.72	3.04	0.73	3.07	1.03	1.85
担当之勇	3.55	0.62	3.50	0.61	3.59	1.01	0.50

（三）性别特征

采用独立样本 t 检验考察男女在个人取向勇气和社会取向勇气水平上的差异，结果如表 4-2 所示。结果显示，除了突破之勇外，男性和女性的两种勇气在整体上及其维度上的差异并未达到显著水平。

表 4-2　勇气的性别差异 t 检验

项目	男		女		t
	M	SD	M	SD	
个人取向勇气	3.76	0.64	3.70	0.57	0.97
坚毅之勇	3.84	0.76	3.75	0.69	1.13
突破之勇	3.66	0.67	3.51	0.64	2.01*
担当之勇	3.78	0.84	3.84	0.73	−0.78
社会取向勇气	3.57	0.71	3.48	0.60	1.31
坚毅之勇	3.77	0.82	3.88	0.66	−1.38
突破之勇	3.24	0.85	2.97	0.82	3.16**
担当之勇	3.62	0.85	3.47	0.67	1.76

三、分析讨论

描述性统计结果表明，整体上，被调查对象的个人取向勇气和社会取向勇气水平都处于中等水平。这一调查结果符合中华民族世世代代是勤劳勇敢的基本认知，也为中华民族历尽磨难仍能屹立于世界民族之林找到国民性方面的合理解释。勇往直前、迎难而上、坚持不懈这些成语在中国人的话语体系中频繁出现，很好地诠释了对勇气的偏好。此外，个人取向勇气和社会取向勇气中的突破之勇的均值都是三个维度中最低的。这样的最低值似乎暗示相比于坚毅之勇和担当之勇，做到“开辟新道路来帮助解决难题”“超越自己能力的局限，开拓新事业”等突破之勇更困难。尤其是社会取向勇气的突破之勇，如“挑战权威去催生社会某领域的变革”“挑战自然极限，挖掘人类的无限潜能”等事件对于普通大众而言不仅难以实现，而且在他们的日常生活中均较为罕见。

表 4-1 中年龄的方差分析结果发现，不同年龄段的中国民众具有同等水平的个人取向勇气和社会取向勇气，也就是说，人们的勇气并没有受到年龄的影响。这一新发现似乎并不支持古人关于“初生牛犊不怕虎”的假说。究其原因，可能跟参与调查的对象所属的群体有关。无论是中学生、大学生，还是企事业单位职工，他们都在社会体系中有着明确的分工和需求，都对自己工作和学习生活中的困难和压力有较为准确的预期。因此，他们并不会因为所处的年龄段不同而更少地面对各种需要勇气的情境。考虑到被调查者的答题习惯，研究只获得了被调查者的年龄段信息，可能对结果造成偏差；如果能够收集每位被调查者的准确年龄，也许会得到更为准确的年龄差异结果。

表 4-2 中性别差异的 t 检验结果显示，男性和女性的个人取向勇气和社会取向勇气总分差异不显著。这说明整体上两性具有同等水平的勇气，与中国社会大众期望的“男性应该更勇敢”并不相符。事实上，现代女性面对来自家庭和工作中的困难和压力并不少于男性，造就了越来越多的工作领域和生活情境中的女英雄、女强人。虽然现代社会女性的地位大幅提高，政府大力倡导男女平等，但仍旧无法摆脱男权藩篱。例如，就业时或多或少的性别歧视、生育压力带来的隐患、婚姻破裂后的弱势无助。所以，古往今来，女性能有所作为的依然只是凤毛麟角，或者需要比男性付出更大的努力。此外，结果还发现，男性在个人取向勇气和社会取向勇气上的突破之勇得分都比女性得分更高，似乎提示男性比女性更擅长突破来自社会的外部限制和自己的内部约束。对这一结果可能的解释是，在中国，女性自小被教导要温顺体贴、安分守己、满足现状，不可随意越雷池一步；而男性则被鼓励要雷厉风行、大胆进取、敢于挑战世俗、超越现实，不可扭扭捏捏而畏缩不前。因此，细数历朝历代的风云变迁，突破革新的成大事者多为男性就不足为奇。

四、研究结论

本节获得的研究结论如下：中国人整体的勇气处于中等水平，而且整体上个人取向勇气和社会取向勇气水平没有因年龄和性别的差异而不同。

第二节　勇气的学历和婚姻差异

第二章中关于小学儿童的访谈发现，勇者身上常具有博学聪慧的特征，现实生活中，家长给孩子取名包含智、勇二字也颇为流行，同样，古代先哲常常认为“智”“勇”理应并重，那么是否高智商的人会表现出更高水平的勇气？钱钟书（1991）在《围城》中写道：“婚姻是爱情的坟墓，恋爱是自由的枷锁。”这句话似乎启示已经步入婚姻关系的个体，结婚之后会有很多来自妻子/丈夫、孩子等家庭方面的约束，再也无法像单身人士那般潇洒自在、无所牵绊。因此，已婚个体的勇气水平是否不如未婚个体的勇气水平？本节基于实证调查数据来回答这两个科学问题。

一、研究方法

本节的研究对象和测量工具同上一节，由于部分调查对象没有填写学历和婚姻状况，剩余313人使用单因素方差分析进行统计处理，包括133位男性，180位女性；年龄为12～18岁的共77人，19～28岁的共136人，29～60岁的共100人。

二、研究结果

（一）学历差异

单因素方差分析结果如表4-3所示，不同学历群体的个人取向勇气及其各维度得分差异显著。进一步多重比较发现，初中及以下学历者的个人取向勇气水平显著高于高中学历者，研究生学历者的个人取向勇气水平显著高于高中和本科学历者，本科学历者的个人取向勇气水平显著高于高中学历者；高中学历者的坚毅之勇显著低于本科和研究生学历者，突破之勇显著低于研究生学历者，担当之勇也显著低于初中及以下、本科和研究生学历者。结果还显示，不同学历群体的社会取向勇气及其各维度得分差异也显著。进一步多重比较显示，初中及以下、本科、研究生学历者的社会取向勇气水平显著高于高中学历者；高中学历者的坚毅之勇、突破之勇、担当之勇均显著低于初中及以下、本科和研究生学历者。

表 4-3　勇气的学历差异方差分析

项目	初中及以下		高中		本科		研究生		*F*
	M	*SD*	*M*	*SD*	*M*	*SD*	*M*	*SD*	
个人取向勇气	3.67	0.61	3.24	0.86	3.71	0.61	3.85	0.47	7.41***
坚毅之勇	3.74	0.75	3.32	1.05	3.81	0.75	3.89	0.55	4.48**
突破之勇	3.56	0.68	3.23	0.77	3.50	0.69	3.77	0.54	6.05**
担当之勇	3.73	0.77	3.17	1.34	3.87	0.75	3.89	0.60	7.01***
社会取向勇气	3.67	0.51	2.98	0.74	3.51	0.68	3.61	0.62	8.16***
坚毅之勇	4.06	0.64	3.38	1.12	3.85	0.71	3.86	0.78	4.99**
突破之勇	3.38	0.70	2.47	0.91	3.03	0.85	3.27	0.81	8.69***
担当之勇	3.50	0.67	2.97	0.90	3.56	0.82	3.64	0.64	5.90**

（二）婚恋差异

以婚恋状况为自变量进行单因素方差分析，结果如表 4-4 所示。方差分析结果显示，不同婚恋状况个体的个人取向勇气和社会取向勇气及其各维度都不存在显著差异。

表 4-4　勇气的婚恋差异方差分析

项目	单身		恋爱		已婚		*F*
	M	*SD*	*M*	*SD*	*M*	*SD*	
个人取向勇气	3.70	0.50	3.71	0.58	3.71	0.81	0.00
坚毅之勇	3.74	0.62	3.78	0.63	3.84	0.99	0.49
突破之勇	3.53	0.59	3.64	0.63	3.55	0.83	0.63

续表

项目	单身		恋爱		已婚		F
	M	SD	M	SD	M	SD	
担当之勇	3.86	0.66	3.69	0.78	3.74	1.04	1.37
社会取向勇气	3.55	0.54	3.48	0.56	3.46	0.91	0.60
坚毅之勇	3.92	0.65	3.80	0.61	3.70	0.97	2.73
突破之勇	3.14	0.73	3.07	0.83	3.01	1.06	0.70
担当之勇	3.50	0.63	3.48	0.58	3.59	1.09	0.48

三、分析讨论

表 4-3 中的 F 值均显著，表明不同学历者的勇气水平之间有显著差异。多重比较得到一个值得思考的结果是，在被调查的不同学历群体中，高中学历者的勇气水平最低，甚至低于初中及以下学历者，但研究生和本科学历者的勇气水平基本都高于其他群体。这一结果似乎仅部分支持智商越高的人越有勇气，智勇双全的群体也是存在的。出现高中学历者勇气水平最低这种有悖于预期的结果，很可能与研究取样有关，参与本次调查的高中学历者多数是在校高中生，他们正处于迎接高考挑战的压力中，其紧张情绪可能会影响自我报告的勇气水平。除此之外，其余的差异结果都与研究预期一致，学历越高的个体在求学的过程中克服了来自学业、生活、工作等方面的多重困难，经历了长期磨炼和苦难之后，其形成了高水平的勇气。

另一个值得注意的结果是表 4-4 中的 F 值均不显著，表明单身和婚恋状态下的个体之间的勇气水平没有差异。数据结果似乎并不支持之前的假设，并没有证实处于婚恋状况可能会削弱个体的勇气。针对这一结果可能的解释是，已婚和处于恋爱状态的个体虽然会有更多来自新家庭成员和恋人的牵挂，需要面对养家糊口和照顾恋人的压力，但可能正是这些因素激发了他们勇往直前、开拓进取的动力。因而，婚恋群体的勇气水平并不低于未婚人士。

四、研究结论

本节研究得到以下结论：具有本科和研究生学历群体的勇气水平显著高于高中和初中及以下学历群体，婚恋与否并不影响个体的勇气水平。

本章小结

本章利用上一章设计的勇气测量工具，测量出中国人勇气的分布状况，并重点考察了不同性别、年龄、学历和婚恋状况下个体的勇气水平。分析数据结果发现，参与此次调查的志愿者在整体上具有中等水平的勇气，符合自古流传的勇敢无畏的民族精神；个人取向勇气和社会取向勇气的水平没有因年龄、性别、婚恋差异而不同，偏离了社会大众流行观点的期望；但总体上，具备较高学历的中国人的个人取向勇气和社会取向勇气水平较高，继承了古代贤者对智勇双全的偏好。

第五章 勇气与自我的关系

自我是人格的核心成分，涉及自立、自信、自尊（自我价值感）、自强等成分（黄希庭，2014）。勇气作为一种优秀的心理品质，与自我中的自信、自立、自我价值感都属于健全人格理论体系中的成分，它们是中国优秀文化传统中具有现代生命力的人格概念，在人们追求事业成功、获得幸福生活的过程中扮演重要角色。本章将重点关注正处于心理发生剧变的关键时期的青年学生群体，探究他们的勇气与这些人格因素之间的相互关系。

第一节　青年学生的勇气与自立

自立指个体在自己解决基本生存与发展问题中形成的独立性、灵活性、主动性等特质，包括个人自立与人际自立两类（夏凌翔，黄希庭，2008）。其中，个人自立是指个体在自己解决所遇到的基本个人生活问题中形成的综合性的、非人际性的人格特征。个体要实现自立，勇气是不可或缺的原动力，个体应"有勇气做真正的自己，单独屹立，不要想做别人"（阿迪力·穆罕默德，2008）。而观察现实生活发现，有勇气的人多数较少依赖他人，倾向于独立自主做决定。因此，本节主要考察勇气与个人自立之间的关系，并提出两个研究假设：第一，个人取向勇气和社会取向勇气都与个人自立呈显著正相关，且能正向预测个人的自立水平；第二，高低勇气者的自信和个人自立水平存在显著差异。

一、研究方法

（一）研究对象

被试来自山西、广东、重庆地区的 2 所中学和 1 所大学。共发放问卷 1000 份，回收有效问卷 851 份，有效回收率为 85.1%。其中，男生有 349 人，女生有 502 人；高中生有 402 人，大学生有 449 人，年龄为 15～28 岁。

（二）研究工具

个人自立：采用夏凌翔和黄希庭（2009）设计的"青少年学生自立人格量表"中的个人自立分量表。该量表共 20 个题项，分属于个人独立、个人主动、个人责任、个人灵活、个人开放五个独立因子。代表性题项如"具备了独立生活的能力"。量表采用 5 点计分，各因子上得分越高，表明自立水平越高。其各维度内部一致性系数为 0.62～0.68。

勇气：使用第三章中程翠萍和黄希庭（2016b）编制的“中国人勇气量表”。该量表包含个人取向勇气、社会取向勇气两个分量表，每个分量表各包含三个因子、14 个题项。本节调查中，两个分量表 的 Cronbach's α 系数分别为 0.81、0.83。

（三）数据处理

删除印象管理题均值高于 4 分以及各变量总分在 3 个标准差以外的极端值之后，剩余 838 个被试的有效数据采用 SPSS19.0、AMOS19.0 软件进行描述性统计、偏相关分析、回归分析等处理。

二、研究结果

（一）描述性统计与偏相关分析

勇气与个人自立的描述性统计与偏相关分析结果如表 5-1 所示，包含研究变量的均值、标准差及其与个人取向勇气和社会取向勇气的偏相关系数。由偏相关系数可知，在控制了性别、年龄、印象管理因素的影响之后，除个人灵活维度外，个人取向勇气与社会取向勇气都与个人自立及其维度呈显著正相关，即两种勇气水平越高的青年学生倾向于表现得更自立。因此，第一条研究假设基本得到支持。

表 5-1　勇气与自信、个人自立的偏相关系数（控制性别、年龄、印象管理）

项目	$M \pm SD$	Cronbach's α 系数	个人取向勇气	社会取向勇气
个人取向勇气	3.60 ± 0.52	0.81		
社会取向勇气	3.48 ± 0.53	0.83		
个人独立	4.08 ± 0.71	0.68	0.28***	0.24***
个人主动	3.54 ± 0.69	0.62	0.37***	0.31***
个人责任	3.35 ± 0.73	0.68	0.30***	025***
个人灵活	2.83 ± 0.66	0.66	−0.17***	−0.29***
个人开放	3.63 ± 0.66	0.66	0.38***	0.36***

（二）高低勇气者个人自立水平的差异检验

分别选取两种取向勇气总分的前后 27%进行高低分组，得到高低个人取向勇气组（高个人取向勇气组为 238 人，低个人取向勇气组为 225 人）、高低社会取向勇气组（高社会取向勇气组为 248 人，低社会取向勇气组为 270 人）。表 5-2 为高分组和低分组的两种取向勇气在个人自立得分上的差异检验结果。*t* 检验结果显示，除个人灵活维度外，高勇气组的个人自立水平显著高于低勇气组。可见，这一结果符合第二条研究假设。

表 5-2　高低勇气者个人自立水平的 *t* 检验

项目	高个人取向勇气（$M \pm SD$）	低个人取向勇气（$M \pm SD$）	t	高社会取向勇气（$M \pm SD$）	低社会取向勇气（$M \pm SD$）	t
个人独立	4.34 ± 0.64	3.83 ± 0.75	7.88***	4.25 ± 0.67	3.94 ± 0.69	5.08***
个人主动	3.84 ± 0.70	3.21 ± 0.65	10.01***	3.79 ± 0.71	3.33 ± 0.66	7.52***
个人责任	3.66 ± 0.73	3.01 ± 0.69	9.87***	3.58 ± 0.75	3.13 ± 0.70	7.00***
个人灵活	2.67 ± 0.73	2.97 ± 0.64	−4.66***	2.64 ± 0.72	3.05 ± 0.61	−6.96***
个人开放	3.95 ± 0.65	3.37 ± 0.70	9.29***	3.93 ± 0.65	3.38 ± 0.65	9.63***

（三）阶层回归分析

依次以个人自立各维度为因变量，以性别、年龄、印象管理为第一层控制变量，以个人取向勇气、社会取向勇气为第二层预测变量进行多元阶层回归分析，结果如表 5-3 所示。在分析过程中，将性别和年龄虚拟化，将男生、高中生编码为 0，将女生、大学生编码为 1。多重共线性检验显示，各模型容忍度为 0.69～0.99，方差膨胀系数为 1.01～1.45，Durbin-Watson 检验结果为 1.79～2.09，可推断进入回归方程的变量之间不存在明显的共线性及自我相关问题。

回归分析结果显示，控制变量的解释力为 2%～5%，两类勇气独立预测个人独立、个人主动、个人责任、个人开放的解释量为 8%～18%，标准化回归系数为 0.13～0.28。仅有社会取向勇气能负向预测个人灵活（$\beta=-0.27$，$p<0.001$），个人取向勇气对个人灵活的预测作用不显著（$\beta=-0.04$，$p>0.05$）。从 ΔR^2 的值可以看出，两类勇气对个人自立的预测作用大于三个控制变量对个人自立的预测作用，由此可知，回归分析的大部分结果支持了第一条研究假设。

表 5-3　勇气对个人自立的阶层回归分析

预测变量	个人独立				个人主动				个人责任				个人灵活				个人开放			
	阶层 1		阶层 2		阶层 1		阶层 1		阶层 2		阶层 2		阶层 1		阶层 2		阶层 1		阶层 2	
	β	t	β	t	β	t	β	t	β	t	β	t	β	t	β	t	β	t	β	t
性别	−0.05	−1.58	−0.03	−0.82	0.04	1.21	0.08	2.45*	−0.05	−1.35	−0.02	−0.53	0.12	3.37**	0.10	2.86**	−0.13	−3.84***	−0.09	−2.99**
年龄	0.13	3.76***	0.13	3.92	0.18	5.24***	0.18	5.68***	0.11	3.16**	0.11	3.30**	0.02	0.70	0.01	0.43	−0.08	−2.33*	−0.08	−2.50*
印象管理	−0.01	−0.15	−0.08	−2.45*	0.15	4.42***	0.05	1.47	0.18	5.31***	0.10	2.94**	−0.12	−3.48**	−0.04	−1.20	0.05	1.42	−0.07	−2.07*
个人取向勇气			0.22	5.65***			0.28	7.58***			0.24	6.20***			−0.04	−0.90			0.27	7.42***
社会取向勇气			0.13	3.29**			0.17	4.67***			0.13	3.37**			−0.27	−6.96***			0.23	6.24***
F	5.37**		19.98***		15.17***		41.56***		11.84***		26.88***		8.10***		20.18***		8.12***		43.57***	
R^2	0.02		0.11		0.05		0.20		0.04		0.13		0.03		0.11		0.03		0.21	
ΔF	5.37**		41.12***		15.17***		76.99***		11.84***		47.45***		8.10***		37.24***		8.12***		94.03***	
ΔR^2	0.02		0.09		0.05		0.15		0.04		0.10		0.03		0.08		0.03		0.18	

三、分析讨论

相关分析和回归分析结果表明，两种勇气与个人独立、个人主动、个人责任、个人开放呈显著正相关，并且两种勇气均能正向预测个人自立的四个维度。这意味着个体如果拥有出于维护自己或造福社会的意愿的勇气，会表现得更为独立自主、自觉主动、严谨担当、通达开放。上述结果与前文勇气公众观调查、典型勇者个案分析中勇气与独立性品质有密切关系的结论一致。从内涵上看，个人独立指独自解决问题，个人主动是积极处理事情，个人责任即对自己负责，个人开放是指乐于接纳新事物（夏凌翔，黄希庭，2008）；担当之勇和突破之勇维度涉及自觉克服困难、主动承担责任、进取创新之意，因而数据支持二者呈正相关关系与变量的实际内涵相吻合。有研究者认为，勇气水平高的人倾向于采取解决问题的应对方式（Maddi，2008）。夏凌翔等（2011）的研究也有类似结论，大学生个人自立能正向预测其日常问题解决能力。解决问题导向作为联系勇气与个人自立的公共因素，也为两者之间的相互关系提供了证据。同时，布鲁诺、哥白尼等勇于追求独立见解，捍卫科学真理，敢于忍受和承担，也是勇气与个人自立紧密相关的实际例证。

相反，结果还发现两种勇气与个人灵活呈负相关，社会取向勇气能负向预测个人灵活。由此推测，两种勇气水平越高的人，处理学习生活事物越不灵活。勇气与个人灵活的负向关系看似与个人自立的其他维度相矛盾，而实际上是可以理解的，原因在于青少年学生个人自立包括的五种特质是相对独立的（夏凌翔，黄希庭，2009），个人灵活与其他四个维度的指向不同。个人灵活就是不刻板地坚持规则、思想、计划等，而两种勇气均包含坚毅之勇维度，特别是指在困难、压力情境下能坚持原则、坚定信念、坚强不屈、始终不放弃，所以，勇气很有可能与个人灵活存在负相关关系。

四、研究结论

本节问卷调查得到两个结论：其一，青年学生的勇气对个人自立有显著的正向预测作用，勇气水平越高的青年学生会表现得更加自立；其二，高勇气者和低勇气者的个人自立水平存在显著差异。

第二节　青年学生的勇气与自信

自信是个体对自己的判断和能力的确信程度（毕重增，2006），个体的自信心常受到其勇气的影响，如西塞罗（2015）总结出“一个勇敢的人，也就是满怀信心的人”，日常生活现象也显示出有勇气的个体大多能坚定自己行为处事的信心。而且，前人研究发现，勇气和自信都是我国传统文化重视的积极人格，具有维护青年学生心理健康的积极功能（车丽萍等，2010；夏凌翔，2010）。因此，本节提出两个基本假设：其一，个人取向勇气和社会取向勇气都与自信呈显著正相关，且两种勇气对自信具有正向预测作用；其二，高低勇气者的自信水平存在显著差异。

一、研究方法

（一）研究对象

被试来源、构成情况、问卷回收基本数据同上一节。

（二）研究工具

采用毕重增和黄希庭（2009）编制完成的青年学生自信问卷（Youth Self-Confidence Inventory，YSCI）测量青年学生的自信水平。YSCI 包含才智自信、成就自信、人际自信、应对自信和品质自信五个维度，共 33 个题项，如“我能很快看到事物的本质”。问卷得分越高，表示自信水平越高。本节研究中，YSCI

的 Cronbach's α 系数为 0.93，各维度的 Cronbach's α 系数为 0.71～0.84。青年学生勇气的测量工具同上一节。

（三）数据处理

经过极端值处理、印象管理题筛选后，数据统计方法同上一节。

二、研究结果

（一）描述性统计与偏相关分析

表 5-4 列出了研究变量的均值、标准差及其与个人取向勇气和社会取向勇气的偏相关分析结果。排除性别等三个控制变量的影响后，个人取向勇气和社会取向勇气都与总体自信及其维度呈显著正相关，即两种取向勇气水平越高的青年学生倾向于表现出更高水平的自信。因此，第一条研究假设得到支持。

表 5-4　勇气与自信的偏相关系数（控制性别、年龄、印象管理）

项目	$M \pm SD$	Cronbach's α 系数	个人取向勇气	社会取向勇气
个人取向勇气	3.60 ± 0.52	0.81		
社会取向勇气	3.48 ± 0.53	0.83		
总体自信	3.80 ± 0.48	0.93	0.61***	0.60***
成就自信	3.91 ± 0.59	0.84	0.50***	0.52***
才智自信	3.67 ± 0.58	0.84	0.57***	0.48***
应对自信	3.73 ± 0.64	0.73	0.44***	0.42***
品质自信	3.75 ± 0.58	0.71	0.41***	0.49***
人际自信	4.02 ± 0.62	0.81	0.45***	0.47***

（二）高低勇气者自信水平的差异检验

勇气水平的高分组和低分组分类标准同上一节。表 5-5 为两类勇气组别在自信得分上的差异检验。t 检验结果显示，高勇气组的自信水平显著高于低勇气组的自信水平。可见，这一结果表明第二条研究假设成立。

表 5-5 高低勇气者自信水平的 t 检验

项目	高个人取向勇气（$M \pm SD$）	低个人取向勇气（$M \pm SD$）	t	高社会取向勇气（$M \pm SD$）	低社会取向勇气（$M \pm SD$）	t
总体自信	4.16 ± 0.39	3.46 ± 0.46	17.66***	4.15 ± 0.43	3.49 ± 0.44	17.20***
成就自信	4.28 ± 0.49	3.56 ± 0.59	14.39***	4.29 ± 0.49	3.58 ± 0.55	15.47***
才智自信	4.06 ± 0.52	3.29 ± 0.57	15.14***	4.02 ± 0.56	3.37 ± 0.55	13.33***
应对自信	4.13 ± 0.54	3.39 ± 0.60	13.79***	4.05 ± 0.62	3.45 ± 0.63	10.90***
品质自信	4.04 ± 0.53	3.48 ± 0.58	10.97***	4.06 ± 0.50	3.43 ± 0.58	13.31***
人际自信	4.34 ± 0.50	3.68 ± 0.70	11.49***	4.33 ± 0.55	3.68 ± 0.65	12.27***

（三）阶层回归分析

依次以总体自信及其各维度为因变量，以性别、年龄、印象管理为第一层控制变量，以个人取向勇气、社会取向勇气为第二层预测变量进行多元阶层回归分析，统计结果如表 5-6 所示。性别和年龄虚拟化方法、多重共线性检验方法同上一节。结果显示，进入回归方程的变量之间不存在明显的共线性及自我相关问题。表 5-6 中模型第一层的性别、年龄、印象管理三个变量共可解释 1%～4%变异量；排除性别、年龄、印象管理的影响之后，两类勇气仍能显著预测自信及其各维度，解释变异量为 24%～47%，标准化回归系数为 0.21～0.42。由此可知，多元阶层回归分析结果支持了第一条研究假设。

三、分析讨论

表 5-4 的结果显示，中国青年学生勇气与自信之间具有正相关关系，即勇气水平越高的人通常对自己更加有信心。差异检验发现，高勇气青年学生的自信水平显著高于低勇气者的自信水平。回归分析结果进一步证明了两种勇气水平对自信有正向预测作用，并且各维度最少能解释 24%变异量。这些结果都说明勇敢的人通常表现出较多的自信，符合人们的日常生活经验。前文开放式调查发现，勇

表 5-6 勇气对自信的阶层回归分析

预测变量	总体自信				成就自信				才智自信				应对自信				品质自信				人际自信			
	阶层 1		阶层 2		阶层 1		阶层 2		阶层 1		阶层 2		阶层 1		阶层 2		阶层 1		阶层 2		阶层 1		阶层 2	
	β	t	β	t	β	t	β	t	β	t	β	t	β	t	β	t	β	t	β	t	β	t	β	t
性别	−0.05	−1.50	0.01	0.45	0.01	0.27	0.06	2.20*	−0.08	−2.38*	−0.03	−0.96	−0.12	−3.54***	−0.08	−2.56*	−0.02	−0.54	0.03	0.87	0.03	0.88	0.08	2.65**
年龄	0.03	0.98	0.04	1.57	0.03	0.87	0.04	1.29	0.02	0.48	0.02	0.58	0.06	1.65	0.06	1.99*	0.02	0.52	0.03	0.94	0.01	0.31	0.02	0.55
印象管理	0.18	5.27***	−0.01	−0.31	0.11	3.30**	−0.05	−1.67	0.14	4.04***	−0.02	−0.69	0.13	3.89***	−0.00	−0.02	0.21	6.00***	0.06	2.00*	0.16	4.56***	0.01	0.37
个人取向勇气			0.42	14.37***			0.33	9.92***			0.44	13.65***			0.32	8.98***			0.21	6.23***			0.29	8.55***
社会取向勇气			0.40	13.53***			0.37	11.00***			0.27	8.10***			0.27	7.53***			0.39	11.11***			0.33	9.42***
F	9.82***		168.25***		3.78*		91.69***		7.06***		103.93***		9.10***		62.27***		12.04***		71.99***		7.33***		71.15***	
R^2	0.03		0.50		0.01		0.36		0.03		0.38		0.03		0.27		0.04		0.30		0.03		0.30	
ΔF	9.82***		392.09***		3.78*		220.57***		7.06***		243.09***		9.10***		137.56***		12.04***		155.24***		7.33***		162.63***	
ΔR^2	0.03		0.47		0.01		0.34		0.03		0.36		0.03		0.24		0.04		0.26		0.03		0.27	

气与自信是密切相关的品质，为本节研究的结果提供了一定的数据支持。勇气与自信的正相关不仅在中国文化中如此，西方研究也证实勇气与自信之间存在正相关关系（Amos，Klimoski，2014；Goud，2005）。Finfgeld（1999）的研究发现，随着人们勇敢行为逐渐增多，其自信心也随之增加，进而改善现有的危险处境。Rachman（1990，2004）通过反复训练身体勇气，发现被试的恐惧逐渐减少，自信心不断增加。另一项调查也得出一般勇气与自信之间呈显著正相关的结论（Pury et al.，2007）。这提示勇气与自信之间的相关关系具有跨文化的一致性，也为古往今来能成就大事的都是自信的勇者这一历史规律提供了心理学的解释。

四、研究结论

本节调查获得两个主要结论：其一，青年学生的勇气对其自信水平有显著的正向预测作用，勇气水平越高的青年学生会表现得更加自信；其二，具有不同勇气水平的青年学生的自信水平存在显著差异。

本章小结

第五章主要基于问卷调查探索了青年学生的勇气与自我意识中的自立和自信的关系，结果证实了勇气水平越高的中学生和大学生常常能表现出更多的自立意识，也充满着自信心。勇气与自立和自信之间的正相关关系，既印证了健全人格理论体系的合理性和适用性，也可以给未来儿童的勇气品格培养实践提供一些教育启示。

第六章

勇气的积极功能

第二章中，历史先哲在古籍中明确论述了义理之勇和血气之勇这两种勇气的不同功能，即义理之勇的积极功能，以及血气之勇的消极后果。他们对于两种勇气的态度鲜明，义理之勇备受倡导和推崇。本章关注勇气对个体的生存与发展的重大积极作用，通过实证研究范式证实勇气具有提高学业成绩、促进主观幸福感的正向功能。

第一节　勇气对小学生学业成就的影响

2012 年 12 月，教育部颁布的《中小学心理健康教育指导纲要》界定了中小学生身心和谐发展的基本内容就是培养积极心理品质。勇气就是一种重要的积极心理品质，包含个人和社会两种取向，为小学生的身心和谐发展提供保障。《普通高中思想政治课程标准（实验）》《九年义务教育小学思想品德课和初中思想政治课课程标准（修订）》等有关德育的中小学文件中均提到，要发扬见义勇为精神，培养学生勇于探索和创新的积极心理品质，帮助小学生在面临挑战与改变、挫折与恐惧时做出相应的决定并采取行动。

学业成就（academic achievement）主要指经过一段时间对知识和技能的学习后，进行主观或客观测评所得到的成绩，学业成就的高低是社会、学校与家长衡量中学生智育水平的主要因素（郑日昌等，1999）。影响小学生学业成绩的积极心理品质有许多，如研究者发现，抱负、好胜心、坚持性等与小学生的学业成绩呈中等相关，且越具有这些特点的学生越能克服困难向既定目标迈进，意志坚持性越好的学生，学业成绩越好（朱其方，1993）。另一项调查发现，小学生的心灵触动、求知力、合作力、友善和谦虚等积极心理品质可以预测其学业成绩（卫萍，2016）。研究者对美国大学生群体的调查发现，勇气品质能预测其在校的学业成绩，具有高水平勇气的学生学业成绩显著优于低水平勇气的学生学业成绩（Park，Peterson，2008）。以上研究都提示勇气这一积极心理品质能正向预测学业成绩，但研究范围仅局限于大学生和中学生群体，勇气对小学生群体的影响还需进行进一步探究。故本节提出假设 1：勇气与小学生的学业成就呈正相关，勇气水平较高的小学生表现出更多的学业成功。

倘若小学生的勇气能够预测其学业成就，那么探讨勇气影响其学业成就的中介机制就很有现实意义。应对方式是指个体面临压力时，为减轻其负面影响而做出认知和行为努力时所采取的方法、手段或策略（黄希庭，2014），其中有一种重要的类型是问题解决应对方式（problem-solving coping style）。应对方式常被当作学生的适应性和社会技能发展的一个重要指标。实际生活中，勇气水平高的学生在学习效果方面往往表现更佳，他们能够取得良好的学业成绩可能是由于勇敢的学生在面对高难度的课业困难、考试压力、心理痛苦时更加从容，更少退缩，他们常常愿意采取独立解决问题或向家长、教师、朋友等寻求帮助等积极的应对方式，较少采取退缩、否认、忽视等消极的应对方式。故本节提出假设 2：问题解决应对方式在小学生勇气预测学业成绩的过程中起中介作用。

综上所述，本节试图探讨小学生的勇气与其学业成就的关系，并寻找联系两者之间关系的中介变量，以期为教师和家长就如何培养小学生的勇气品质，从而提高其学业成就提供建设性的建议。

一、研究方法

（一）研究对象

采用方便抽样法，从重庆市某镇中心小学二、三、四、五、六年级各选取一个班，共选取 274 名学生为研究对象。删除未作答完整、效度题得分低和有极端数值的问卷之后，有效被试共计 235 人，其中，二年级有 52 人，三年级有 32 人，四年级有 38 人，五年级有 56 人，六年级有 57 人；男生有 125 人，女生有 110 人。

（二）研究工具

勇气：采用第三章编制的“中国人勇气量表”测量小学生的勇气水平。考虑到小学生的语句理解水平，研究者对个别字词进行了必要的解释。此次研究中两个勇气分量表的 Cronbach's α 系数分别为 0.74、0.79。

问题解决应对方式：采用黄希庭等（2000）编制的“中学生应对方式量表”

（Coping Style Scale of Middle School Students，CSSMSS）中的问题解决维度测量应对方式。考虑到小学生的语句理解能力，研究者对个别字词进行了解释。问题解决维度共 8 个题项，采用 5 点计分，1～5 依次代表“非常不符合”“比较不符合”“不确定”“比较符合”“非常符合”，得分越高说明个体越容易采取这种应对方式。问题解决应对方式在本节研究中的内部一致性系数为 0.79。

学业成就：其测量包含主观学业成绩和客观考试成绩两种。主观学业成绩测评通过被试对自己语文、数学学科的学业表现进行 5 点评价，1～5 依次表示“很不好”“较不好”“一般”“较好”“很好”，代表性题目如“我认为我的语文成绩”“我认为我的数学成绩”等。客观测量指标为语文、数学期中考试的分数，原始分数经等级转化成 1～5 分。计算主观和客观指标的平均分，分数越高表示学习成绩越好。

（三）研究程序

在征得小学校长、班主任以及小学生本人的同意后，以班级为单位进行测试，对小学生的勇气水平和应对方式进行测量，之后由班主任提供小学生的书面考试成绩。每个班都由主试在被试作答之前进行统一讲解指导，强调问卷的答案无对错之分，具有匿名性和保密性，并且要求被试做到依据自己的真实情况认真、独立作答。被试完成问卷的全部内容大约需要 20 分钟。在汇总完所有问卷后，检查问卷的完整性与真实性，进行有效问卷的筛选工作，剔除效度题得分低于 3 分的所有问卷，并计算极端值且删除 3 个标准差以外的被试，之后进行反向计分题转换。使用 SPSS19.0 软件进行统计分析，得出描述性统计和相关分析结果，并通过 PROCESS 程序实现中介效应的检验。

二、研究结果

（一）各变量的描述性统计与相关分析

表 6-1 报告了研究变量的均值、标准差以及各变量间的相关系数。描述性

统计结果显示，小学生报告出中等偏上水平的勇气和学业成就。相关分析结果表明，小学生的两类勇气与其问题解决应对方式、学业成就之间存在显著的正相关关系，而且相关程度达到中等水平。

表 6-1　小学生勇气与学业成就的相关系数

变量	*M*	*SD*	1	2	3	4
1.个人取向勇气	3.79	0.61	1			
2.社会取向勇气	3.83	0.65	0.68**	1		
3.问题解决应对方式	3.95	0.73	0.55**	0.62**	1	
4.学业成就	3.81	0.71	0.21**	0.17**	0.30**	1

（二）问题解决应对方式的中介作用检验

根据 Hayes 和 Preacher（2014）提出的 Bootstrap 方法检验中介效应的程序，设置样本量为 5000、95%的置信区间、Bias Corrected 的取样方法，对问题解决应对方式在两种勇气与学业成就之间的可能中介效应进行分析。即依次检验三个回归方程，考察回归系数的显著性，如图 6-1 所示。分析结果显示，问题解决应对方式在个人取向勇气与学业成就之间的中介作用显著，95%的置信区间为［0.07，0.28］，且个人取向勇气→问题解决应对方式→学业成就的中介效应值为 0.17。控制问题解决应对方式这一中介变量后，个人取向勇气对学业成就的影响不显著，95%的置信区间为［−0.10，0.25］。因此，问题解决应对方式在个人取向勇气和学业成就之间起完全中介作用，如图 6-1 所示。同理，检验问题解决应对方式在社会取向勇气与学业成就之间的中介效应。检验结果表明，其在社会取向勇气与学业成就之间的中介效应也显著，社会取向勇气→问题解决应对方式→学业成就的中介效应值为 0.21，95%的置信区间为［0.11，0.32］；控制问题解决应对方式这一中介变量后，直接效应不显著，95%的置信区间为［−0.20，0.15］。因此，问题解决应对方式在社会取向勇气和学业成就之间起完全中介作用。

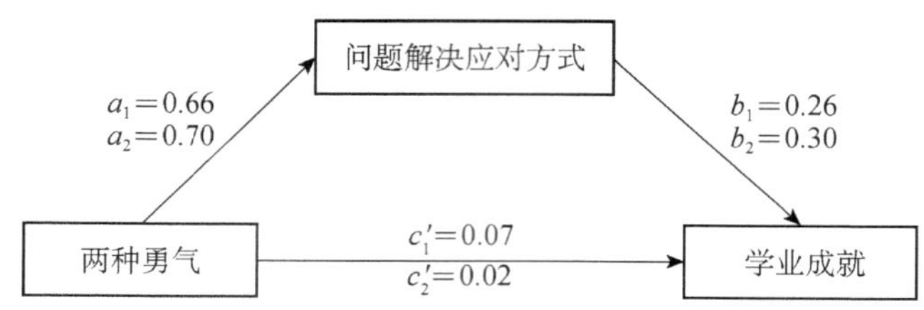

图 6-1 勇气与学业成就之间中介效应模型

a_1、b_1、c_1'、a_2、b_2、c_2'分别为个人取向勇气和社会取向勇气的回归系数

三、分析讨论

（一）小学生勇气的分布状况

描述性统计结果反映了当前小学生的个人取向勇气与社会取向勇气均处于中等偏上水平，导致这一结果的原因可能与小学生的成熟发展和教师的教育作用有关。入校以后，小学生人格的发展会随着年龄的增长、生活环境的影响、知识量的增多发生质的改变，因此，勇气品质也会随之逐渐发展。而家长和教师在生活和学习过程中给学生传递积极的价值观念，不论是鼓励学生做事有始有终、坚持不懈、折而不挠，还是让学生以积极的态度面对生活，教会学生热爱生活，都会在无形之中影响学生，渗透到学生的思想意识中（单志艳，2010），从而可能会使勇气呈现较高的水平。本节调查结果发现小学生的勇气水平较高，恰好印证了俗语“初生牛犊不怕虎”的意蕴，说明世世代代的中国儿童都展现出不凡的勇气，正是少数勇者敢于跳出尘封，突破常规进行改变、创新，敢于创造，他们才会有收获。

然而，个体的勇气水平并非越高越好，勇敢行为也不是越多越好，尤其是对于力量弱小的小学儿童而言。在存在风险的现实情境中，小学生不宜冲动地直接展示勇气。例如，小学生在返校途中独自一人发现公交车或校门口有几名歹徒正在实施盗窃、打斗等犯罪行为，在没有帮助的前提下，体力弱小的学生不宜不顾自身安危，以身犯险，冲动莽撞。又如，并不具备游泳技能的小学生遇到有人不幸落水呼救时，不可草率行事。因此，小学生是否应做出勇敢行为，某种程度上需要依据现实条件来做出决定。

（二）小学生勇气与学业成绩的关系

首先，相关分析结果显示小学生的两种取向的勇气均与其学业成就呈显著正相关，由此可以说明小学生的勇气水平状况会影响到他们的学业成绩，越勇敢的小学生的学习成绩也可能越好，正如实际教育背景下随处可见的教师不断鼓励学生遇到学业困难时要迎难而上、勇克攻坚才能取得好成绩那样的教育理念。而且，小学生的勇气与学业成就之间的正相关关系，也契合中国传统文化中关于“勇”和“知”相辅相成的思想。“勇”以达“知”与“仁”，“勇”能够促使人生智慧、仁德、理想得以实现。其次，相关分析结果也显示，小学生的两种勇气与问题解决应对方式之间存在显著正相关。勇敢的小学生面对学业困难时更倾向于采用积极主动解决的应对方式。同时，相关分析的结果还表明，小学生的问题解决应对方式与其学业成就之间也存在正相关关系，也就是说，常常采用问题解决应对方式的小学生可能会有更优秀的学业成就。这一结果也得到了前人关于大学生积极应对方式能提升学业成绩的研究结果的支持（陈树林等，2000）。

中介效应检验结果提示，问题解决应对方式在小学生的勇气和学业成就之间起到了中介作用。这表明勇敢的小学生能够取得良好的学业成绩，主要是因为他们面对困难时采用问题解决应对方式；相反，勇气水平较低的学生常常害怕困难，以消极态度应对压力，导致学业成绩下降。应对方式大致可以分为积极和消极两类，有些学生面对学业困难时能迎难而上，越挫越勇，想方设法寻找解决之道；还有些学生一遇到难题就逃避烦恼、发泄退缩、置之不理。学生面对学习方面的困难和失败时，不同的应对方式可能会影响学生学习的结果。

（三）教育启示

学业成就是衡量小学生学业成果的主要指标，是教师和家长都非常关注的焦点。一个学生是否能够升学或进修取决于其学业成就，学校教育质量的好坏同样也主要根据学业成就来进行评估。前人研究显示某些情绪是影响学生学习行为的重要因素，如调查发现愉悦感和亲近性感受越高，可能预示着学生的学业成绩越好（李丽菊，施灿权，2014）。也有研究发现学生的自我教育期待水平越高，其学业成绩也越高；而且，自信心水平也是影响学业成绩的重要的非智力因素（赵明仁，2010；张咏梅等，2012）。本节研究中小学生勇气能够促进学业成就的结果，给教育工作者如何提升小学生的学业成绩提供了一定的方向。小学高年级学生处于儿童期向青春初期过渡的关键期，处于心理发展的骤变期，该阶段是小学生心理品质发展的重要时期，其勇气的培养尤为重要（马艳云，2010）。除了课堂教学内容的丰富、教学方式的多变、课堂教学内容以及课后习题的操练以外，教师还可以对学生进行勇气品质的培养。教师在小学低年级课堂中可以主要采用游戏、活动、表演等形式，营造一个平和的班级氛围，以有效地培养学生的勇气。在课堂活动中，语言要通俗易懂，内容要具体形象，方法要多样变化，尽量让学生动口、动手又动脑，充分调动学生运用多种感官参与教学；鼓励小学生敢于在课堂上进行发言，敢于面对失败，敢于突破思维定式寻求其他的解题方法，敢于与其他学生进行交流、互动，遇到困难能坚持不懈，有担当，愿意主动承担自己的失误所造成的后果等。在实际的教育教学中，由于学习成绩好的学生更容易受到教师和同学的喜爱，因此，学生对他们的评价也会偏向积极评价，这种对他们的积极评价也会促进学生做出更多进取勇敢的行为。不仅如此，教师需要排除影响勇气的不利教育因素，避免小学生在学习方面产生习得性无助。因为随着学业任务愈加繁重，小学生易受学习困难、学习失败的影响，容易产生自我怀疑、自我不信任等较低的自我评价，进而不敢表达自我和展示自我。

家长在生活中要做好榜样，遇到困难不放弃、不退缩，而是努力克服、突破改进，这些行为有可能会被孩子观察学习到。现实生活中，有的小学生表现得很有勇气，在困难面前不退缩、勇往直前，一直朝着自己的目标努力拼搏、付出，进而获得了更多的成功。同时这也给家长一些警示，孩子的学业成绩不仅能通过“死读书”、死记硬背得以提高，对其进行勇气品质的培养也有一定的帮助。家长可以带孩子做一些具有挑战性的事，让他们在宽松的氛围中接受挑战。例如，鼓励儿童尝试去做以前想做却不敢做的某项活动，挑战、突破、战胜自我的弱点。在勇气品质的培养过程中，家长应注意指导孩子区分真正的勇气与凶狠、莽撞、冲动、凶猛、蛮干、鲁莽等之间的差别，缺乏理智的思考与行动最终也许只会化为一场愚蠢的活动（乔芳，丁道勇，2013）。此外，家长还需要正确认识学业成绩的作用，学业成绩作为学生在校学习的课堂学习效果的检测结果，代表学生是否掌握了所学知识，提醒学生已经在哪些方面学有所成，还需在哪些方面加强学习。家长需要合理地去看待它，而不是将其作为学生成长发展的唯一标准。极端的唯成绩论可能会造成学生身心发展的不均衡，社会适应能力较低，严重的可能会使学生失去自我认同感、否定自我，更甚者会造成受教育者身心发展的不均衡。家长应更重视孩子上课的状态、学习的方法以及做作业的态度，关注孩子学了什么、学会了什么，做到真正的学有所获。

四、研究结论

本节调查得到以下结论：小学生的勇气与其学业成就呈显著正相关，问题解决应对方式在两者之间起中介作用，即越勇敢的小学生越倾向于采用问题解决应对方式，进而其学业成就可能越好。

第二节　勇气对中学生学业成就的影响

上一节调查结果发现了勇气对小学生学业成就的积极功能及问题解决应对方式的中介作用。那么，中学生群体中是否也有类似的结论存在？本节将考察个人取向勇气对中学生学业成就的影响及其中介机制。个人取向勇气是指个体为了满足自己的需要，在面对困难时表现出来的一种心理品质，包含坚毅、突破、担当等重要成分。这种勇气与个体的日常学习与生活密切相关，对中学生群体最直接的作用是能正向预测其学业成就，即勇气水平高的学生会获得更好的学习效果（Lounsbury et al.，2009）。故本节提出研究假设1：个人取向勇气与中学生的学业成就呈正相关，个人取向勇气水平高的中学生学业更成功。

根据Lazarus（1993）的分类，中学生常采取的应对方式分为问题取向应对和情绪取向应对，前者包含问题解决、求助等；后者涉及发泄、逃避、幻想、否认等。Maddi（2006）的研究发现，勇气水平越高的个体，越倾向于采取接受现实和解决问题的应对方式，勇气与积极应对方式之间的正相关关系也被其他研究所证实（Coolbrandt，Grypdonck，2010）。国内的研究发现，问题解决应对方式与中学生的学业成绩有显著正相关，而自责、幻想、退避三种应对方式与学业成绩呈显著负相关（郭成等，2005）。纵观当今的中学教育实践，勇气水平高的中学生往往学习效果更佳，其能够取得优异的学业成绩可能是由于有勇气的中学生在面对高难度的课业困难、考试压力、心理痛苦时更加从容、更少畏惧，他们常常采取问题解决、求助等积极的应对方式，较少采取退缩、否认等消极的应对方式。由此提出假设2：问题解决应对方式和求助应对方式（help-seeking coping style）在中学生个人取向勇气预测学业成绩的过程中同时起中介作用。

一、研究方法

（一）研究对象

被试来自山西、云南、重庆地区的3所中学。选取初一、高一年级共计19个班级发放问卷1100份，回收有效问卷1077份，有效回收率97.91%。其中，男生有516人，女生有561人；初一年级有281人，高一年级有796人，年龄为12～18岁。

（二）研究工具

勇气：采用第三章编制的“中国人个人取向勇气分量表”，共14个题项。

采用 5 点计分，得分越高代表具有越高水平的个人取向勇气。本节研究中，该量表的 Cronbach's α 系数为 0.81。

应对方式：采用黄希庭等（2000）编制的“中学生应对方式量表”中的问题解决、求助维度测量。问题解决、求助应对方式在本节调查中的 Cronbach's α 系数分别为 0.81 和 0.65。

学业成就：兼用主观学业成就和客观考试成绩两个指标。主观学业成就测评通过被试对自己语文、数学、英语的学业表现进行 5 点评价。客观测量指标为被试的语文、数学、英语的期中和期末考试分数。以考试成绩和自我评价的平均分作为学业成就的测量指标。本节调查中学业成就的 Cronbach's α 系数为 0.80。

（三）数据处理

删除在印象管理题上的平均分高于 4 分以及各主要变量的总分在 3 个标准差以外的极端值之后，剩余 1031 个被试的数据通过 SPSS19.0、AMOS19.0 软件加以统计分析，主要包括描述性统计、相关分析、验证性因素分析以及建立结构方程模型。本节研究将个人取向勇气（按维度）、学业成就（按学科）分别打包成 3 个显变量指标，将问题解决应对方式和求助应对方式随机分别打包成 3 个和 2 个显变量指标。

二、研究结果

（一）区分效度与共同方法偏差检验

同样采用验证性因素分析、Harman 单因子检验、单一方法潜因子检验来评估变量之间的区分效度和共同方法偏差，结果如表 6-2 所示。观测数据与假设模型（四因素）之间的拟合度很好（χ^2/df=2.99，RMR=0.02，GFI=0.98，NFI=0.97，CFI=0.98，RMSEA=0.04），而替代模型与实际观测数据之间的拟合度则较差，说明研究变量的区分效度较好。五因素模型的拟合情况与假设模型相比有所改善，但计算单一方法潜因子的平均方差抽取量为0.29，表明单一方法潜因子并不能成为影响本节研究理论变量的一个潜变量。此外，本节研究从不同来源和不同时间收集变量指标，在程序上对共同方法偏差进行了控制。

表 6-2 验证性因素分析拟合指标

模型	χ^2	df	χ^2/df	$\Delta\chi^2$	RMR	GFI	NFI	CFI	RMSEA	AIC
四因素	113.76	38	2.99		0.02	0.98	0.97	0.98	0.04	169.76
三因素 1	316.42	41	7.72	202.66**	0.03	0.94	0.91	0.92	0.08	366.42
三因素 2	421.28	41	10.28	307.52**	0.03	0.93	0.88	0.89	0.10	471.28
两因素	611.84	43	14.23	498.08**	0.04	0.89	0.83	0.84	0.11	657.84
单因素	871.43	44	19.81	757.67**	0.05	0.85	0.75	0.76	0.14	915.43
五因素	41.07	27	1.52	72.69**	0.01	0.99	0.99	0.99	0.02	119.07

注：四因素模型指个人取向勇气、问题解决、求助、学业成就；三因素 1 指个人取向勇气+问题解决、求助、学业成就；三因素 2 指个人取向勇气、问题解决+求助、学业成就；两因素指个人取向勇气+问题解决+求助、学业成就；单因素指个人取向勇气+问题解决+求助+学业成就；五因素指个人取向勇气、问题解决、求助、学业成就、方法因素

（二）描述性统计与相关分析

表 6-3 报告了变量的均值 *M*、标准差 *SD* 以及变量间的相关系数 *r*。结果显示，个人取向勇气与两个中介变量以及结果变量之间都呈显著正相关

表 6-3 各变量的均值、标准差及相关系数

变量	*M*	*SD*	1	2	3	4
1.个人取向勇气	3.66	0.55	1			
2.问题解决应对方式	3.66	0.61	0.64**	1		
3.求助应对方式	3.21	0.62	0.12**	0.32**	1	
4.学业成就	3.36	0.55	0.32**	0.39**	0.19**	1

（三）中介作用检验

采用结构方程模型检验中学生的个人取向勇气对其学业成就的直接和间接影响。个人取向勇气能显著正向预测学业成就（β=0.37，p<0.001）。加入两个中介变量后考察多重中介效应，结果如图 6-2 所示。个人取向勇气能显著正向预

测问题解决应对方式（β=0.85，p<0.001）和求助应对方式（β=0.26，p<0.001），问题解决应对方式和求助应对方式都能显著正向预测学业成就（β_1=0.51，p<0.001；β_2=0.10，p<0.05），但此时个人取向勇气预测学业成就的路径系数不显著（β=−0.03，p>0.05），模型中该路径以虚线表示。根据 Baron 和 Kenny（1986）关于中介效应检验的观点，问题解决应对方式和求助应对方式在中学生的个人取向勇气与学业成就之间起完全中介作用。

模型中的路径 1，即个人取向勇气→问题解决应对方式→学业成就的中介效应值为 0.43（p<0.001，［0.26，0.62］），路径 2，即个人取向勇气→求助应对方式→学业成就的中介效应值为 0.03（p<0.05，［0.00，0.05］），总的间接效应值为 0.46（p<0.001，［0.28，0.64］），两个非标准化的中介效应值之差为 0.22（p<0.001，［0.13，0.32］）。模型主要拟合指数为 χ^2/df=4.43，SRMR=0.04，TLI=0.95，CFI=0.96，RMSEA=0.06，表明该多重中介模型拟合可以接受。

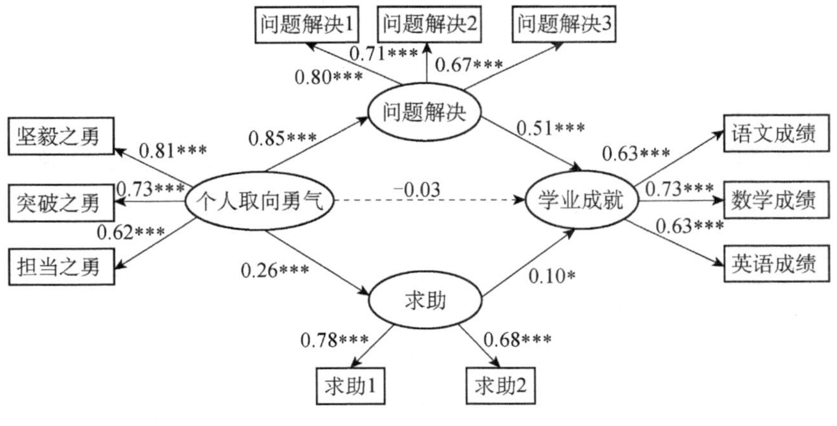

图 6-2　多重中介效应模型

三、分析讨论

（一）中学生个人取向勇气对学业成就的影响

相关分析结果显示研究假设 1 得到支持，即个人取向勇气水平越高的中学生往往能取得更高水平的学业成就，这一结果为前文所述的“勇气具有提升学业成就的功能”提供了来自中国人样本的证据。中学生个人取向勇气对学业成就具有积极的影响，既符合当前中学教育的实际情况，也能在中国传统文化典籍中找到支撑。在中学教育实践领域，勇气作为一种重要的心理品质，涉及中学生在克服困难过程中形成的无畏、果断、顽强的意志力，是促进中学生成长成才的动力性品质（刘志军，2007）。这种动力性品质作用于中学生日常学习活动中，会促使他们投入更多的实际行动和心理资源，从而使其获得更加优异的学业表现。而回溯中华五千多年的发展，早在《论语》《礼记》中便有“勇”和“知”相辅相成的思想。君子“勇”以达“知”与“仁”，“勇”是促使人生的智慧、仁德、理想得以实现的行为意志。勇者不惧十年寒窗之苦，备尝学海无涯之艰，最终得以跳跃龙门、建功立业。

（二）问题解决和求助应对方式的中介效应

中介效应模型结果验证了研究假设 2，表明个人取向勇气水平越高的中学生越倾向于采取问题解决应对方式和求助应对方式，进而能取得更为卓越的学业成就。这两种应对方式作为中介变量，既受到中学生个人取向勇气的制约，又能正向预测中学生的学业成就。首先，探寻这一新发现的现实缘由可知，学习活动逐渐成为中学生较大的压力源，他们常常饱受较高水平的应激体验（张虹等，1999）。在面对学业困难、心理压力时，富有个人取向勇气的中学生更易选择问题解决应对方式，要么独立自主地思考问题解决的途径，要么求助家长、教师、同伴等社会支持系统来解决问题，进而更有可能获得较高的学业成绩。相反，个人取向勇气水平较低的中学生常常害怕学业困难，选择消极应对而产生心理压力，长此以往，便会体验到习得性无助感，导致其学业成绩持续下降。其次，本节研究结果与前人对个体的勇气与应对方式，以及应对方式与学业成就之间关系的研究结论也有相通之处。例如，Magnano 等（2017）招募 500 名意大利成年人参与的调查结果显示，个体的勇气与问题解决应对方式呈中等程度的正相关，这种正相关关系在经受了战火痛苦的伊拉克和阿富汗军民中的强度更大（Armstrong et al.，2006）。此外，窦温暖等（2007）的研究发现，高中生的问题解决应对方式与其学业成绩呈显著正相关，问题解决应对方式对学业成就的正向预测作用也出现在了另一项针对美国大学生和中学生的调查研究中（MacCann et al.，2011）。

此外，通过检验本节研究中两个中介变量的效应值发现，与求助应对方式相比，中学生的个人取向勇气通过问题解决应对方式对学业成就的预测作用相对更大。这一结果在某种程度上可从勇气概念本身和发生情境上得到解释。研究者界定个体的勇气时，多数都主张克服一定的困难、面对某种风险是勇气的重要特征或成分（Rate et al.，2007）。这一特征预示着勇敢的中学生可能倾向于独立解决问题、克服学业困难，其获得了以往调查发现问题解决是中学生遇到学业挫折时最主要应对方式的证据支持（李育辉，张建新，2004）。而且，需要中学生展现勇气的部分学习情境具有紧迫性，导致其立刻寻求社会支持系统解决问题难以实现，社会支持系统也未必能充分发挥作用。因此，个体更多是根据实际情境需要独立应对、迎难而上、勇往直前，偏好这种独立解决问题应对方式的中学生不会逃避学业困难，少有习得性无助感，往往能取得良好的学业成绩。因而，问题解决应对方式比求助应对方式对中学生学业成就的预测力更强似乎比较符合教育实际。

（三）教育启示

勇气品格教育在国内外中小学教育界均受到重视。我国《普通高中思想政治课程标准（实验）》《九年义务教育小学思想品德课和初中思想政治课课程标准（修订）》等中小学德育文件中提到学生应发扬见义勇为的精神，培养学生勇于探索和创新的品质。国外研究者 Biswas-Diener（2012）开发了“勇商”一词来衡量青少年的勇气水平，并设计出能有效地克服恐惧、保持毅力的课程以培养青少年的个人取向勇气。本节研究探索了中学生的个人取向勇气影响其学业成就的中介机制，对广大中学开展青少年勇气品格教育实践有所启示。

一方面，中学在学生勇气品格的教育过程中，注重培养学生坚持不懈、勇往直前、见义勇为的精神气概，倡导学生不惧学业领域的艰难和压力，促进学生健全人格的养成。中学教师除了可以利用在语文、政治、历史等学科课程中讲解富有勇气的典型案例和事迹外，还可以着力开发训练勇气品格的校本课程和拓展活动，激发学生做出合适的勇敢行为。另一方面，中学应引导中学生采取问题解决应对方式和求助应对方式，以发挥勇气品格对学业成就的积极作用。在课堂教学中，当学生遇到无从下手的难题时，教师可通过正强化的方式给予中学生更多的鼓励、肯定，激发中学生努力战胜困难的动机，引导其形成问题解决指向的应对方式，进而使其在学业领域收获成功。

四、研究结论

本节研究得到以下两个结论：①中学生的个人取向勇气能正向预测其学业成就，个人取向勇气水平越高的中学生能获得更高的学业成就。②中学生的个人取向勇气通过问题解决和求助两种应对方式对其学业成就产生正向影响。

第三节　勇气对大学生主观幸福感的影响

健全人格理论认为健全人格应包含价值观、自我、优秀心理品质三个层次，并且三个层次之间是层层递进、相互制约的关系。勇气作为最外层的优秀心理品质，能影响处于中间层的自我价值感，从而进一步作用于处于最内层的主观幸福感。本节基于健全人格理论，旨在探讨大学生勇气与主观幸福感的关系、两者之间关系如何发生以及何时更强或更弱。

主观幸福感是人们对生活品质的沉思评鉴，既包含高昂的正向情绪，也有对整体生活满意程度的主观感受（陆洛，1998）。在众多预测主观幸福感的因素中，人格是最可靠、最有力的预测指标之一（Diener et al.，1999）。勇气作为一种重要的保护性人格因素，已有研究证实其对成年人的主观幸福感具有正向预测作用。例如，Park 等（2004）调查了 5299 名 35 岁以上成年人的生活满意状况，发现勇气美德总分越高，个体的生活满意度也越高。这一结论与职工的勇气能预测其职业主观幸福感相一致（Peterson et al.，2009）。但以往探索勇气对西方青少年主观幸福感影响的研究结果却出现了较大分歧。有些研究者认为勇气美德与主观幸福感的相关度很高（Brdar，Kashdan，2010）；相反，另一些研究结果并不支持勇气能预测主观幸福感的论断（Gillham et al.，2011；Shoshani，Slone，2013）。这两个变量的关系在西方文化中尚且不一致，那么放置于东方文化背景下的大学生群体身上，结果又会如何？目前尚未有研究加以验证。而且，中西方人们的幸福感在本源、联系、意义与时间四个方面存在一定差异（高良等，2010），中国文化背景下的勇气在价值导向、培养方式上也不同于西方。因此，中国大学生勇气与主观幸福感的关系值得深入探究。在日常生活中，有勇气的大学生在遇到学习和生活上的困难时，常常能迎难而上、锲而不舍，较少畏惧退缩、自暴自弃，因而其内心更容易感受到幸福和愉快。因此，本节研究提出假设 1：大学生的勇气能正向预测其主观幸福感。

自我价值感是指个人在社会生活中对主体自我的重要性所产生的正面情感体验（黄希庭，杨雄，1998）。社会取向自我价值感（socially-oriented self-worth，SSW）作为自我价值感的一种类型，聚焦于个体在人际交往、社会团体中的宜人性和重要性的情感性评价。不少研究表明，青少年的自我价值感与主观幸福感呈中高度的正相关，自我价值感是主观幸福感的重要预测因素之一（Furnham，Cheng，2000；Huebner et al.，1999；汪宏等，2006；张力为，梁展鹏，2002）。同时，勇气与自我价值感之间也有密切的关系。Shamir 等（1993）的研究表明，有勇气的领导者具有超凡的能力，能体会到更多的自我价值感，尤其是在社会团体及人际交往中的价值感。另一项针对患慢性疾病老年人的调查显示，表现出越多勇气的病人通常能体会到更高的自我价值感，表达出更加积极的自我评价（Finfgeld，1995）。实际上，勇气水平较高的大学生，为人处世更积极进取、有为担当，越容易取得较好的学业成绩和融洽的人际关系，形成正向的自我评价，进而主观幸福感水平也越高。鉴于社会取向自我价值感可能充当勇气与主观幸福感之间的桥梁，故本节提出假设 2：大学生的勇气通过社会取向自我价值感来影响主观幸福感。

男性和女性在同伴群体中形成迥异的亚文化，导致了不同的社会互动模式，同时人们对男生和女生也有不同的性别角色期待，如男性被要求勇敢、独立，女性则被教导要温顺、谦恭。所以，现实中男性和女性在社会行为上常常表现出分歧，他们在情绪感受、自我评价、幸福体验等方面均有一定差异。例如，研究者开展系列调查发现，整体上，中国女性比男性常体会到更高的主观幸福感；女性的主观幸福感更多来自融洽的人际关系，尤其是与家庭成员和睦相处，男性的幸福感则主要来自物质追求和事业成功（Lu，Shih，1997；Lu，2000）。西方研究也得出了类似结论，如 Mookherjee（1997）分析了美国 1982—1991 年这 10 年来的生活满意状况数据，结果显示在每个亚群体中，女性的生活满意度均显著高于男性。另外，前人研究发现性别对自我价值感也有影响。Kling 等（1999）调查了近万名美国青年人，得出男性的自我价值感高于女性的结论，与早期 Feingold（1994）的结果一致。而一项对中国青少年学生的调查也发现，男生的个人取向自我价值感显著高于女生，而女生的社会取向自我价值感则显著高于男生（杨雄，黄希庭，1999）。由此推断，不同性别的自我价值感预测其主观幸福感可能存在差别，故本节提出研究假设 3：性别调节社会取向自我价值感和主观幸福感之间的关系。

整合上述分析，本节建构了一个有调节的中介模型，如图 6-3 所示。在中国社会文化背景下，研究大学生的勇气预测其主观幸福感的心理机制，既能为健全人格理论提供可靠的实际证据，也对大学生教育实践活动有一定的指导意义。

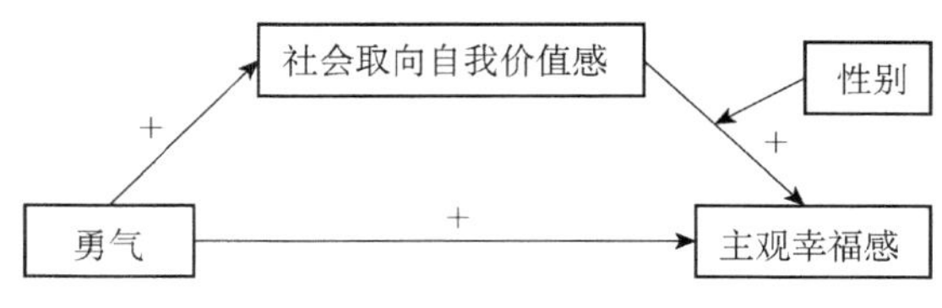

图 6-3　有调节的中介假设模型

一、研究方法

（一）研究对象

采用整群抽样法，选取重庆市三所不同层次大学的550名学生为研究对象。其中专科层次有5个班，二本层次有4个班，一本层次有4个班，经初步筛选后保留502名有效被试，有效率为91.27%。其中，男生有248人，女生有254人。被试年龄为18～28岁，均未婚。

（二）研究工具

勇气：测量工具同本章第一节的“中国人勇气量表”，本节研究中，两个分量表的Cronbach's α系数分别为0.84、0.82。

主观幸福感：选用陆洛（1998）编制的简版中国人幸福感量表（Chinese Happiness Inventory，CHI）测量。该量表为4点计分，共20个项目，涉及积极情感、消极情感、生活满意度、与中国文化有关的因素等内容，如评价“我的生活的如意程度”，得分越高意味着个体感到越幸福。邢占军等（2002）在我国城市居民中验证了CHI的信度和效度，其内部一致性信度为0.89，构想效度的拟合指标分别为χ^2/df=2.53，GFI=0.93，CFI=0.92，IFI=0.92，RMR=0.04。本节施测中，CHI的Cronbach's α系数为0.92。

社会取向自我价值感：使用黄希庭和杨雄（1998）设计的青年学生自我价值感量表（Self-worth Scale for Adolescents，SSA）中的一个分量表来测量社会取向自我价值感。该量表为5点计分，共5个项目，如“班上搞活动常常离不开我”，得分越高说明个体的社会取向自我价值感越高。本节调查中，社会取向自我价值感的Cronbach's α系数为0.61，组合信度为0.76。

（三）研究程序

在征得辅导员和大学生本人知情同意后，以班级为单位进行团体施测。每个班配备一名有经验的主试，在被试作答之前强调匿名性、保密性、答案无对错之分，完成全部问卷约需 20 分钟。剔除印象管理题平均分高于 4 分以及 3 个标准差以外的极端值，剩余 497 个有效数据，使用 SPSS19.0 和 AMOS19.0 软件包进行统计分析。

二、研究结果

（一）区分效度与共同方法偏差检验

各变量的区分效度与共同方法偏差检验方法同本章第二节，检验结果如表 6-4 所示。假设模型（四因素）的拟合各项指标最好，优于三种替代模型。方法因素模型（五因素）较假设模型拟合没有显著改变（$\Delta\chi^2/df$=3.68，ΔSRMR=−0.01，ΔGFI=0.01，ΔNFI=0.01，ΔCFI=0.01，ΔRMSEA=0），且方法因素的平均方差抽取量为 0.28，低于标准 0.50。由此可知，本节调查的共同方法偏差效应不明显。

表 6-4　验证性因素分析拟合指标

模型	χ^2	df	χ^2/df	$\Delta\chi^2$	RMR	GFI	NFI	CFI	RMSEA	AIC
四因素	232.24	84	2.77		0.03	0.94	0.93	0.95	0.06	304.24
三因素	304.58	87	3.50	72.34**	0.03	0.92	0.90	0.93	0.07	370.58
两因素	404.41	89	4.54	172.17**	0.04	0.90	0.87	0.90	0.09	466.41
单因素	802.23	90	8.91	569.99**	0.05	0.78	0.74	0.77	0.13	862.23
五因素	177.01	69	2.57	55.23**	0.02	0.95	0.94	0.96	0.06	279.01

注：四因素模型指个人取向勇气、社会取向勇气、社会取向自我价值感、主观幸福感；三因素模型指个人取向勇气+社会取向勇气、社会取向自我价值感、主观幸福感；两因素模型指个人取向勇气+社会取向勇气、社会取向自我价值感+主观幸福感；单因素模型指个人取向勇气+社会取向勇气+社会取向自我价值感+主观幸福感；五因素模型指个人取向勇气、社会取向勇气、社会取向自我价值感、主观幸福感、方法因素

（二）描述性统计与相关分析

研究结果显示，偏态系数为−0.28～0.33，峰度系数为−0.18～0.41，说明数据基本符合正态分布假设（吴明隆，2013）。将性别编码为虚拟变量，其均值和标准差为 0.49 ± 0.50。表 6-5 列出了变量的平均数、标准差和相关系数矩阵。相关分析表明，两种勇气与社会取向自我价值感、主观幸福感均呈显著正相关。

表 6-5　各变量的平均数、标准差和相关系数矩阵

	男	女	1	2	3	4
1.个人取向勇气	3.72 ± 0.52	3.58 ± 0.55	—	0.62***	0.45***	0.52***
2.社会取向勇气	3.54 ± 0.51	3.45 ± 0.47	0.58***	—	0.39***	0.44***
3.社会取向自我价值感	3.31 ± 0.63	3.32 ± 0.57	0.37***	0.35***	—	0.47***
4.主观幸福感	1.44 ± 0.49	1.39 ± 0.48	0.60***	0.42***	0.58***	—

注：相关系数矩阵中左下角为女性的结果，右上角为男性的结果

（三）有调节的中介效应检验

根据 Hayes（2013）、温忠麟和叶宝娟（2014）的观点，检验有调节的中介效应需要对三个回归方程进行估计。方程 1 检验勇气对主观幸福感的直接效应是否受性别的调节，方程 2 检验性别对勇气与社会取向自我价值感之间关系的调节效应，方程 3 主要检验性别对社会取向自我价值感与主观幸福感之间关系的调节效应。各方程中预测变量方差膨胀因子为 1.01～2.59，说明数据不存在多重共线性问题。除性别外，所有预测变量都经过标准化处理，方程 1 和方程 2 的参数估计结果如表 6-6 所示。

表 6-6　勇气、性别预测主观幸福感和社会取向自我价值感（方程1、方程2）

预测变量	主观幸福感					社会取向自我价值感				
	β	*SE*	*t*	*p*	95%CI	*β*	*SE*	*t*	*p*	95%CI
个人取向勇气	0.59	0.05	11.41	<0.001	[0.48，0.69]	0.34	0.06	6.03	<0.001	[0.23，0.45]
性别	−0.06	0.08	−0.84	0.40	[−0.21，0.08]	−0.12	0.08	−1.5	0.13	[−0.29，0.04]
个人取向勇气×性别	−0.04	0.08	−0.50	0.62	[−0.19，0.11]	0.14	0.08	1.71	0.09	[−0.02，0.31]
社会取向勇气	0.44	0.06	7.35	<0.001	[0.32，0.56]	0.35	0.06	5.71	<0.001	[0.23，0.47]
性别	0.01	0.08	0.13	0.90	[−0.15，0.17]	−0.08	0.08	−0.97	0.33	[−0.25，0.08]
社会取向勇气×性别	−0.02	0.08	−0.21	0.83	[−0.18，0.14]	0.04	0.08	0.52	0.60	[−0.12，0.21]

注：各预测变量的 95%置信区间采用 Bootstrap 方法得到，下同

首先，回归方程 1 显示个人取向勇气和社会取向勇气均能正向预测主观幸福感，性别及其与两种勇气的交互项对主观幸福感的预测作用不显著，故勇气与主观幸福感的直接效应不受性别的调节，所以研究假设 1 得到支持。其次，回归方程 2 提示两种勇气都能正向预测社会取向自我价值感，性别及其与两种勇气的交互项不能显著预测社会取向自我价值感，说明性别未调节中介效应的前半段路径。最后，回归方程 3 的参数估计结果如表 6-7 所示，结果表明两种勇气、社会取向自我价值感对主观幸福感的正向预测作用均显著，社会取向自我价值感与性别的交互项对主观幸福感的预测作用也显著，性别及其与两种勇气的交互项对主观幸福感的预测作用均不显著。由此表明有调节的中介效应显著，即勇气经过社会取向自我价值感对主观幸福感的中介作用的后半段路径受到性别的调节，故研究假设 2 和 3 均得到支持。

表 6-7　勇气、性别、社会取向自我价值感预测主观幸福感（方程 3）

预测变量	主观幸福感					预测变量	主观幸福感				
	β	*SE*	*t*	*p*	95%CI		*β*	*SE*	*t*	*p*	95%CI
个人取向勇气	0.44	0.05	8.66	<0.001	[0.34，0.54]	社会取向勇气	0.26	0.06	4.53	<0.001	[0.15，0.37]
性别	−0.02	0.07	−0.29	0.77	[−0.16，0.12]	性别	0.04	0.07	0.61	0.54	[−0.10，0.19]
个人取向勇气×性别	−0.03	0.08	−0.36	0.72	[−0.18，0.12]	社会取向勇气×性别	0.03	0.08	0.35	0.73	[−0.13，0.18]
社会取向自我价值感	0.43	0.05	8.02	<0.001	[0.33，0.54]	社会取向自我价值感	0.51	0.06	8.90	<0.001	[0.40，0.62]
社会取向自我价值感×性别	−0.15	0.07	−1.98	<0.05	[−0.30，−0.001]	社会取向自我价值感×性别	−0.17	0.08	−2.17	<0.05	[−0.33，−0.02]

为进一步揭示社会取向自我价值感与性别的交互效应，本书进行了简单斜率检验，并取不同性别和社会取向自我价值感正负一个标准差的值绘制交互效应图（图 6-4）。男性的社会取向自我价值感对主观幸福感的正向预测作用显著（*B simple*=0.45，*SE*=0.05，*p*<0.001，[0.35，0.55]）；而女性的社会取向自我价值感对主观幸福感的正向预测作用增强（*B simple*=0.60，*SE*=0.06，*p*<0.001，[0.49，

0.71]；*B simple*=0.45 增加为 *B simple*=0.60)。

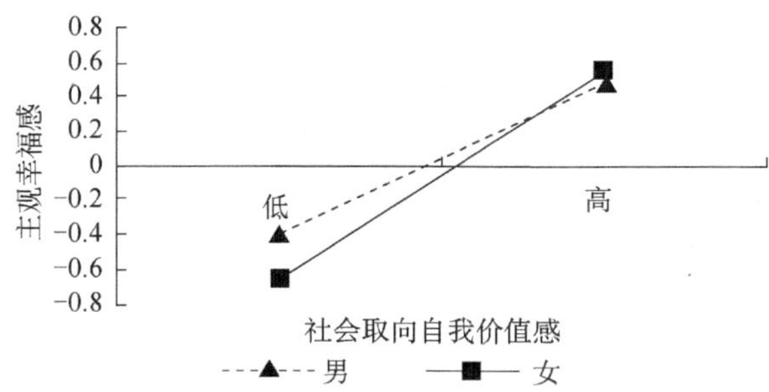

图 6-4　性别对社会取向自我价值感预测主观幸福感的调节作用

分析个人取向勇气对其主观幸福感的条件中介效应得到，男大学生的直接效应值为 0.41，95%的置信区间为［0.30，0.52］，中介效应值为 0.14，95%的置信区间为［0.08，0.20］，中介效应占总效应的 25%；女大学生的直接效应值为 0.44，95%的置信区间为［0.34，0.54］，中介效应值为 0.15，95%的置信区间为［0.10，0.21］，中介效应占总效应的 25%。同时，计算社会取向勇气对其主观幸福感的条件中介效应得出，男大学生的直接效应值为 0.29，95%的置信区间为［0.18，0.40］，中介效应值为 0.13，95%的置信区间为［0.08，0.20］，中介效应占总效应的 31%；女大学生的直接效应值为 0.26，95%的置信区间为［0.15，0.37］，中介效应值为 0.18，95%的置信区间为［0.10，0.27］，中介效应占总效应的 41%。

三、分析讨论

（一）勇气对主观幸福感的影响

本节结果显示，大学生的个人取向勇气和社会取向勇气对主观幸福感都具有正向预测作用，说明越有勇气的青少年学生通常会感到越幸福。因此，本节调查结果验证了之前提到的西方支持者的结论（Brdar，Kashdan，2010）。而且这一结果既符合当下中国的社会实际，也能从历史文化中找到根源。现实社会中，个人取向勇气水平高的大学生勇于克服困难、追求理想；社会取向勇气水平高的大学生更有可能见义勇为、主动担当。所以，他们常受到身边同学、教师、家长的赞誉，主观幸福感会明显增加。在中华传统文化中，孔子的仁者之勇、墨子的兼爱之勇、孟子的志气之勇颇受推崇（中国思想政治工作研究会，中宣部思想政治工作研究所，2006），这些不同形式的社会取向勇气均是当代见义勇为精神的源泉。同样，个人取向勇气蕴含当机立断、临危不惧、大胆突破、百折不挠的内涵，与先哲倡导的果决之勇、不惧之勇、维新之勇、坚毅之勇一脉相承（杨金海，徐文明，1997）。勇气是世间的达德，有助于个体奋发进取、功成名就，使其感知到更多的人生意义和快乐福祉。

值得注意的是，过去西方研究者关于青少年学生勇气与主观幸福感的关系尚无定论，或许由不同研究者在被试选择方面的差异所致，有些研究对象为12～18岁，有些则扩大到25岁。这一群体通常包括中学生和大学生两类，中学生处于身心发展骤变的阶段，可能导致结果的不稳定。相比于中学生而言，大学生群体的心智更为成熟，情绪状态相对稳定，人生观与世界观日趋清晰。本节研究单独考察大学生群体，所得结果的有效性较高。

（二）社会取向自我价值感的中介效应

研究结果还暗示，越有勇气的大学生，社会取向自我价值感越高，体验到的主观幸福感会越强。过往实证研究和大学生的生活实际状况都能为此提供解释。如前所述，调查发现勇气能正向预测自我价值感，即勇气水平越高的个体倾向于认为自己越有价值（Brokenleg，van Bockern，2003）。另一些研究证实自我价值感可以正向预测主观幸福感（耿晓伟等，2009；王磊，郑雪，2011），这种预测作用与其他优秀品质，如乐观、诚信、心理韧性等能预测幸福感的作用相似（王永，王振宏，2013；袁莉敏，张日昇，2007；周雅，刘翔平，2011）。因此，这些变量间的递进关系为社会取向自我价值感成为中介变量创造了机会。

同样，现实生活中，有勇气的大学生往往临难不惧、勇往直前，面对既定目标能够坚定不移地付出，继而在许多方面更有机会取得成功，正如松下幸之助（2014）所言，“勇气，必然大有可为”，那些成就使他们倾向于给自己更多正面的评价，带给其自我价值感的持续增加，最终使其有更高的生活满意度和更多积极的情绪反应。纵观古往今来的勇者，如岳飞、孙中山等功勋卓著的英雄伟人以及身边敢作敢为的普通人，对整个社会或周围的小群体都做出了一定贡献，展现出高水平的社会取向自我价值感，内心更加幸福快乐。

（三）性别的调节效应

本节研究还发现了大学生的性别对“勇气→社会取向自我价值感→主观幸福感”这一中介过程后半段的调节效应。随着大学生的社会取向自我价值感的增加，女生的主观幸福感提升的幅度比男生要大。现实生活中，男生和女生的不同反应模式符合当今中国的社会实际。社会期望男生建功立业、飞黄腾达，“男儿有泪不轻弹”；女生则应当温婉贤淑、忠贞顾家，“梨花带雨亦为美”。这些差别性的社会角色期待导致男生承受的整体压力相对大于女生，尤其是男性关于事业成功的压力显著大于女性（Stroud et al.，2002）；而女性更容易受情绪的影响，遇事存在大喜大悲的倾向（Kring，Gordon，1998；Hamann，Canli，2004）。因而即使有同等水平的自我价值感增加，男生评价自己更幸福的程度也许并没有女生高。因此，今后学校在培养大学生勇气品格的过程中，既要注意运用正向自我认知和评价的引导与强化作用，又要依据男生和女生的不同特点因材施教，使其幸福快乐地学习与生活。

四、研究结论

本节研究主要得到如下结论：①大学生的勇气能正向预测主观幸福感；②社会取向自我价值感在大学生的勇气与主观幸福感之间起中介作用；③大学生的勇气经由社会取向自我价值感对主观幸福感的中介作用受性别的调节，女生的这种间接效应显著高于男生。

第四节　勇气对职工主观幸福感的影响

上一节调查结果发现了勇气对大学生主观幸福感有积极的预测作用，这一结论在已经参加工作的群体中是否仍然成立？目前尚未有相关研究加以验证。因而，本节将使用“中国人勇气量表”开展大样本调查，验证中国企事业单位职工的勇气能否预测其主观幸福感。

一、研究方法

（一）研究对象

被试来自江西、重庆、四川地区的企事业单位职工。共发放问卷 366 份，回收有效问卷 327 份，有效回收率为 89.34%。其中，男性有 147 人，女性有 180 人；18～28 岁有 199 人，29～60 岁有 128 人；已婚有 143 人，未婚有 184 人。

（二）研究工具

勇气：测量工具同上一节，本节调查中，两个分量表的 Cronbach's α 系数均为 0.77。

主观幸福感：测量工具同上一节，本节施测中，CHI 的 Cronbach's α 系数为 0.93。

（三）数据处理

删除印象管理题平均分高于 4 分、总分在 3 个标准差以外的极端值之后，剩余 319 个有效被试数据。项目打包和数据分析方法如前文。

二、研究结果

（一）区分效度与共同方法偏差检验

假设模型（三因素）与替代模型（单因素、两因素）、方法模型（四因素）的拟合指标如表 6-8 所示，具体检验方法如第二节。四因素模型出现非正定问题，说明该模型界定错误而无法识别。模型结果显示，本节调查中，个人取向勇气、社会取向勇气、主观幸福感之间的区分效度较好，三个变量的测量共同方法偏差较小。

表 6-8　验证性因素分析拟合指标

模型	χ^2	df	χ^2/df	$\Delta\chi^2$	RMR	GFI	NFI	CFI	RMSEA	AIC
三因素	80.31	32	2.51		0.01	0.95	0.95	0.97	0.07	126.31
两因素	131.21	34	3.86	50.9**	0.02	0.92	0.91	0.93	0.10	173.21
单因素	351.54	35	10.04	220.33**	0.04	0.78	0.77	0.78	0.17	391.54
四因素	—	—	—	—	—	—	—	—	—	—

注：三因素模型指个人取向勇气、社会取向勇气、主观幸福感；两因素模型指个人取向勇气+社会取向勇气、主观幸福感；单因素模型指个人取向勇气+社会取向勇气+主观幸福感；四因素模型指个人取向勇气、社会取向勇气、主观幸福感、方法因素

（二）阶层回归分析

对三个研究变量进行相关分析发现，个人取向勇气、社会取向勇气与主观幸福感的相关系数分别为 0.40 和 0.46（$p<0.001$）。在控制了年龄、性别、婚姻状况、印象管理之后，以个人取向勇气和社会取向勇气为自变量，分别对主观幸福感进行分层回归，结果如表 6-9 所示。方差膨胀因子为 1.02～2.95，表明自变量之间没有线性重合。个人取向勇气与社会取向勇气对主观幸福感的解释力为 24%，达到显著性水平（$\Delta F=50.70$，$p<0.001$）。

表 6-9　两类勇气对主观幸福感的阶层回归分析

预测变量	阶层一			阶层二		
	β	t	模型摘要	β	t	模型摘要
年龄	0.04	0.69	F=1.52	0.06	1.17	F=18.24***

续表

预测变量	阶层一			阶层二		
	β	t	模型摘要	β	t	模型摘要
性别	0.07	0.72	$R^2=0.02$	0.10	1.23	$R^2=0.26$
婚姻状况	0.12	1.28	$\Delta F=1.52$	0.13	1.56	$\Delta F=50.70$***
印象管理	0.12	2.05*	$\Delta R^2=0.02$	0.01	0.15	$\Delta R^2=0.24$
个人取向勇气				0.22	3.81***	
社会取向勇气				0.35	6.19***	

三、分析讨论

通过对中国企事业单位职工的问卷调查发现，个人取向勇气和社会取向勇气对其主观幸福感具有正向预测作用。勇气的这一功能与西方勇气对居民幸福感的作用类似，例如，组织心理学研究发现，针对公司职工的调查证实，勇气能预测其职业幸福感（Peterson et al.，2009），有研究者认为，勇气是许多行业领导者应具备的一种重要特质（van Dierendonck，Nuijten，2011）。积极心理学的研究表明，成年人的勇气可以预测他们的主观幸福感水平，即越有勇气的个体，其感受到的生活满意度和职业幸福感水平也越高（Beck，2012；Sekerka et al.，2009；Seligman et al.，2005）。这些研究结果似乎示意，现实生活中，人们可以通过不断增强勇气，从而达到提升主观幸福感的目的。有勇气的人们在实际生活中遇到工作困难和家庭问题时，不会主动逃避和退缩，而是主动迎难而上、勇往直前，他们往往会感到更多的幸福和快乐。

四、研究结论

本节调查得到以下结论：个人取向勇气和社会取向勇气都能够正向预测主观幸福感，越有勇气的个体越能获得更多的幸福感体验。

本 章 小 结

这一章通过针对小学生、中学生、大学生和职工群体的四次调查，结果证实了在中国文化背景下勇气对个体学业成就和主观幸福感的积极功能。因此，本章研究为几千年来古代先哲纷纷赞扬和倡导勇气品格增加了实证支持，也给广大教育工作者开展勇气的养成教育实践工作提供了有益的培养思路。诚然，调查研究难以避免自我报告勇气的社会赞许性，后续需要教育实验研究进一步探讨勇气具有这些功能的机制。

第七章 勇气的脑神经机制

前一章内容考察了不同群体的勇气对其学业成就、主观幸福感的积极影响。勇气作为一种相对稳定的动力性心理品质，大脑在其产生和变化中同样扮演着重要的角色。这种影响也涉及具有跨时间连续性和跨情境一致性的人格因素，前人研究已经证实了人格和大脑结构及功能的关系。例如，一项对116名健康成年人的磁共振成像（magnetic resonance imaging，MRI）扫描实验得出大五人格和某些脑区的灰质体积（grey matter volume，GMV）存在显著相关（Deyoung et al.，2010），相似的结论在Liu等（2013）的研究中也得到验证。又如，研究表明，外倾性与眶额叶、右侧杏仁核呈显著正相关（Cremers et al.，2011）；而Coutinho等（2013）发现，外倾性与额中回、眶额回等脑区的灰质密度呈负相关，宜人性与顶叶、枕中回、后扣带回等脑区的灰质密度呈负相关。这些探索人格因素与大脑关系的研究为寻找其他人格因素的脑机制提供了证据支持。而本章基于大脑是人类认知、情绪体验和意志活动的生理基础，其结构和功能影响着人们的心理和行为（Deyoung，Gray，2009）的理念，探究勇气的脑结构和功能特征。

第一节　大学生勇气的脑结构特征

虽然目前心理学研究者对勇气的探讨蓬勃发展，主要关注勇气的界定、理论、测量、影响因素等领域，但对这种品质脑机制的研究鲜有涉及。迄今仅有 Nili 等（2010）设计了一个基于任务的 fMRI 研究考察怕蛇者克服恐惧的能力，实验表明大脑膝下前扣带回和右颞极的活动与个体的勇气有关。为探索勇气与大脑的关系，本节采用静息态功能磁共振成像（resting-state functional magnetic resonance imaging，rs-fMRI）技术考察勇气的神经生物学特点。这种技术主要基于大脑在静息状态下也存在协同活动的假设，被后续许多研究证实是一种具有高信效度的研究方法（Buckner et al.，2013；Kelly et al.，2012；Zuo et al.，2013）。因此，我们从大脑结构的视角，以 GMV 为分析指标，尝试探索勇气与哪些脑区有关。

一、研究方法

（一）研究对象

130 名在校大学生和研究生参与了本实验。其中男生有 61 人，女生有 69 人；年龄为 18～26 岁（M=21.35，SD=1.68）。每个被试的视力或矫正视力均正常，均为右利手，未摄入任何精神类药物；实验前签署知情同意书，实验后均获得一定报酬。

（二）研究工具

采用 Duan 等（2012）修订的中文简版 VIA-IS 中的 VIA-IS-C 测量勇气。为避免中西文化差异，同时采用自编的“中国人勇气量表”测评勇气。本节研究中，VIA-IS-C、“中国人个人取向勇气分量表”、“中国人社会取向勇气分量表”的 Cronbach's α 系数依次为 0.88、0.87、0.83。

（三）数据收集与统计

1. fMRI 扫描

使用西门子 3.0 T 磁共振成像系统采集大脑数据。实验前，要求研究对象换上专用扫描服装，摘除随身携带的所有金属制品。实验中，告知研究对象头不要动、保持平静、闭眼休息、不能睡着，并通过海绵固定头部、佩戴专用耳塞减低噪音干扰。每个被试扫描时长为 8 分钟，共 240 个时间点。

运用磁化准备快速梯度回波序列（magnetization prepared rapid gradient-echo sequence，MPRAGE）收集结构像。主要参数为：重复时间=1900ms，回波时间=2.52ms，反转角=9°，扫描视野=256mm × 256mm，扫描矩阵=64 × 64，扫描层数=176，层厚=1mm，层间距=1mm，体素大小=1mm × 1mm × 1mm。

2. 数据预处理

采用 SPM8 和 DPARSF 软件对结构像数据进行预处理。步骤如下：①删除结构异常或不匹配功能像的 7 个被试数据；②将结构像分割成白质、灰质和脑脊液；③将分割出的白质和灰质数据标准化至 MNI 模板，重采样图像体素大小为 1.5mm × 1.5mm × 1.5mm；④取 8mm 的全宽半高（full width at half maxima，FWHM）高斯平滑内核对图像进行平滑处理。

3. 数据统计

首先，行为数据均采用 SPSS19.0 进行分析，包括描述性统计和平均数差异检验。其次，分析结构像时，GMV 值由将分割出的灰质数据进行标准化和平滑计算而来，对被试年龄、性别、全脑体积进行了控制，通过多元回归分析探索勇气得分与 GMV 值的关系；多重比较使用 AlphaSim 程序，该方法使用蒙特卡洛模拟控制多重比较校正中发生错误的概率，其参数设置为 $p<0.01$，团块大小>74，平滑核=8mm。

二、研究结果

（一）勇气的行为结果

在个人取向勇气上，总体均分为 3.62 ± 0.52，男生的均分为 3.71 ± 0.56，女生的均分为 3.54 ± 0.49，男女之间没有显著性差异（t=1.78，p>0.05）；在社会取向勇气上，总体均分为 3.43 ± 0.47，男生的均分为 3.58 ± 0.47，女生的均分为 3.31 ± 0.44，男女之间存在显著性差异（t=3.38，p<0.01）。在 VIA-IS-C 方面，总体均分为 3.75 ± 0.45，男生的均分为 3.83 ± 0.41，女生的均分为 3.68 ± 0.47，男女之间没有显著性差异（t=1.96，p>0.05）。

（二）勇气的脑结构像结果

以年龄、性别为协变量，对 GMV 值和勇气得分进行多元回归分析，结果发现，与个人取向勇气呈正相关的脑区有右侧海马、右侧海马旁回、左侧额中回，与其呈负相关的脑区是双侧楔前叶；同时发现左侧额下回（岛盖区）、右侧前扣带回、左侧颞下回、左侧颞中回与社会取向勇气呈正相关，左侧楔前叶及左侧顶叶上回与社会取向勇气呈负相关。此外，与 VIA-IS-C 呈正相关的脑区包括右侧前扣带回、左侧颞下回、左侧颞中回，与其呈负相关的脑区为左侧楔前叶、右侧中央后回（表 7-1 和图 7-1、图 7-2、图 7-3）。

表 7-1　GMV 和勇气量表显著相关的脑区

脑区	BA	MNI 坐标			最大点 t 值	体素个数
		x	y	z		
GMV 与个人取向勇气呈正相关						
右侧海马旁回		23	−10	−26	3.72	285
右侧海马		30	−10	−17	3.68	536
左侧额中回		−27	14	51	3.48	94
GMV 与个人取向勇气呈负相关						
左侧楔前叶	7	−5	−54	42	−5.01	1627
右侧楔前叶		12	−51	37	−3.63	1104

续表

脑区	BA	MNI 坐标			最大点 t 值	体素个数
		x	y	z		
GMV 与社会取向勇气呈正相关						
左侧额下回（岛盖区）		−62	12	13	4.16	188
右侧前扣带回		15	29	27	3.95	182
左侧颞下回		−51	6	−39	3.68	580
左侧颞中回		−54	−36	−14	3.35	73
GMV 与社会取向勇气呈负相关						
左侧楔前叶		−6	−78	46	−4.59	1241
左侧顶叶上回		−27	−63	55	−4.10	301
GMV 与 VIA-IS-C 呈正相关						
右侧前扣带回	32	15	33	25	3.65	181
左侧颞下回		−39	10.5	−42	3.54	750
左侧颞中回		−56	−17	−24	3.12	379
GMV 与 VIA-IS-C 呈负相关						
左侧楔前叶		−8	−78	46	−4.26	156
右侧中央后回	3	42	−24	54	−3.94	271

注：BA 是指 Brodmann 分区，MNI 坐标是指峰值点在 MNI（Montreal Neurological Institute）空间里的坐标，下同

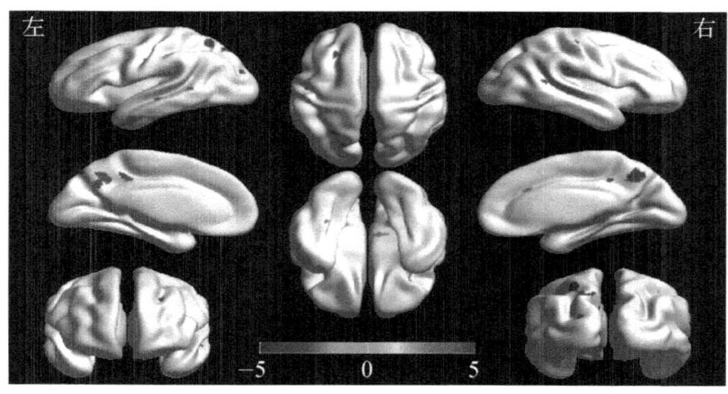

图 7-1　GMV 和个人取向勇气相关的脑区

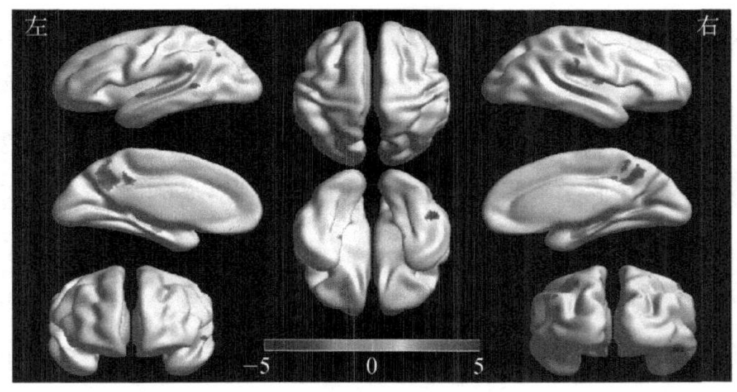

图 7-2　GMV 和社会取向勇气相关的脑区

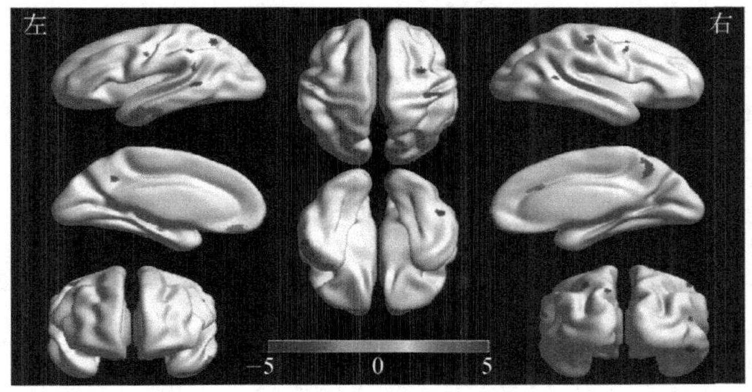

图 7-3　GMV 和 VIA-IS-C 相关的脑区

三、分析讨论

本节实验以 GMV 为指标探测了大学生勇气在大脑结构方面的特点。结构像回归分析结果显示，与大学生勇气得分呈正相关的主要脑区有右侧前扣带回、左侧颞中回、左侧颞下回、左侧额下回等，与其呈负相关的主要脑区是左侧楔前叶等。

（一）与勇气呈正相关的脑区

本节实验发现了右侧前扣带回的 GMV 能正向预测大学生的勇气水平，意味着右侧前扣带回脑区的 GMV 越大，大学生的勇气水平也可能会更高。这一结果与以往相关脑研究结果相似，例如，Nili 等（2010）的实验表明，克服恐惧的勇气与膝下前扣带回有关。右侧前扣带回属于大脑认知控制网络（cognitive control network）的核心区域（Dosenbach et al.，2008）。它能及时对冲突性刺激，如疼痛体验、错误识别、恐惧事物等做出反应（Botvinick et al.，2001；Cole，Schneider，2007）。右侧前扣带回还与需要大量意志努力的情境，如问题解决任务、适应新环境、压力控制等有着密切联系（Eisenberger et al.，2003；Taylor et al.，2008）。病理学相关研究为本节实验结果提供了一些支持，例如，与健康个体相比，神经性厌食症患者和阿尔茨海默病患者的右侧前扣带回的 GMV 变小（Frisoni et al.，2002；Mühlau et al.，2007）；而不能很好地控制自我的强迫症患者比健康人的右侧前扣带回的 GMV 也明显减小（Radua，Mataix-Cols，2009；Radua et al.，2010）；有认知和自主控制障碍的病人存在右侧前扣带回的损伤（Critchley et al.，2003）。这些都暗示勇气水平高的大学生可能具有相对完好的认知和执行控制能力。事实上，勇气作为一种动力性的正向品质，其产生与发展大多涉及克服各种困难，如严重的身体和心理疼痛、内心恐惧、承认错误、挑战极限等，克服这些困难需要认知行为上的努力及控制，才能突破面临的困境。

另外两个与大学生勇气得分呈正相关的脑区是左侧颞中回和左侧颞下回，意味着这两个脑区的 GMV 越大，大学生表现出的勇气可能越多。以往不少研究发现，大脑颞中回和颞下回受损的个体可能伴有失认症、失写症、阅读障碍、精神分裂症、述情障碍等心理疾病（Acheson，Hagoort，2013；Garrido et al.，2009；Ihme et al.，2013；Onitsuka et al.，2004；Sakurai et al.，2008）。而且，颞中回还与人们在完成任务时的执行控制有关（Whitney et al.，2011）。这似乎也支持了有勇气的个体在认知和执行控制方面的能力正常无损的推断。

（二）与勇气呈负相关的脑区

我们还发现了左侧楔前叶的 GMV 与大学生的勇气存在显著负相关关系。随着左侧楔前叶脑区的 GMV 的增加，个体的勇气水平反而降低。楔前叶是大脑默认网络的重要脑区之一（Andrews-Hanna，2012；李雨，舒华，2014）。已有不少研究一致认为楔前叶与个体的自我加工相关（Kim，2012；Kjaer et al.，

2002；Lou et al.，2004）。高勇气个体的左侧楔前叶脑区的 GMV 越小，可能因为勇敢行为常涉及牺牲自我利益、克服自我障碍等因素。譬如，大学生克服自我的虚荣心，勇于承认错误；明知自己存在受伤的可能性，仍然不顾危险舍生取义、迎难而上；遇到不公平的事情或艰险危急时刻，敢于奋不顾身地维护正义、见义勇为。

四、研究结论

本节实验采用 fMRI 技术初步尝试探测了中国人勇气在脑结构上的特点，得到以下结论：个体的右侧前扣带回、左侧颞中回、左侧颞下回、左侧额下回等脑区的 GMV 越大，其勇气水平越高；左侧楔前叶的 GMV 越小，其勇气水平越低。

第二节　大学生勇气的脑功能特征

上一节从大脑结构的角度探测到了一些与大学生勇气存在显著相关的颞叶和额叶脑区，这些脑区的脑功能像是否也与勇气相关？本节基于大脑功能的视角，以局部一致性（alterations in regional homogeneity，ReHo）为分析指标，尝试探索大学生的勇气与哪些脑区有关。

一、研究方法

（一）研究对象和工具

参加此次实验的在校大学生和研究生同上一节，测量大学生勇气的工具依然是“中国人勇气量表”、中文简版 VIA-IS-C。

（二）数据收集与统计

1. fMRI 扫描

采用 EPI（gradient-echo echo planar imaging）获得功能像。主要参数为：重复时间=2000ms，回波时间=30ms，反转角=90°，扫描视野=220mm × 220mm，扫描矩阵=64 × 64，层厚=3mm，层间距=1mm，体素大小=3.4mm × 3.4mm × 3.4mm。

2. 数据预处理

功能像数据预处理软件也与上一节结构像的软件相同。步骤如下：①删除扫描不全的 2 个被试数据；②剔除前 10 个时间点，保留了剩余 230 个时间点；③对功能像进行时间层校准及头动校正，移除头动距离大于 3mm 的 5 个被试数据；④将功能像标准化至 MNI 空间，标准化后体素大小为 3mm × 3mm × 3mm；⑤对功能像进行滤波处理（$0.01< f < 0.08$ Hz）和去除线形漂移。

3. 数据统计

功能像分析中，ReHo 值是通过计算某个体素和周围最近 26 个体素的肯德尔和谐系数（Kendall’s coefficient of concordance，KCC）而得到的。在控制了被试的年龄、性别之后，使用多元回归分析考察个体勇气得分与 ReHo 值的关系，多重比较方法同处理结构像所用的方法。

二、研究结果

（一）勇气的行为结果

个人取向勇气、社会取向勇气和 VIA-IS-C 得分的描述性统计结果同上一节，在前两个指标上，男女大学生之间的勇气水平存在显著差异；但在第三个指标上，男女大学生的勇气水平差异不显著。

（二）勇气的脑功能像结果

对 ReHo 值与勇气得分实施多元回归分析，同时排除年龄和性别的干扰。结果得到个人取向勇气与左侧颞上回（颞极）、左侧颞下回、右侧梭状回呈显著正相关；与社会取向勇气呈显著正相关的脑区涉及左侧额下回（岛盖区）、左侧颞中回和左侧颞下回。而且结果还显示，左侧颞上回（颞极）、左侧颞下回和左侧梭状回也与 VIA-IS-C 呈显著正相关（表 7-2 和图 7-4、图 7-5、图 7-6）。

表 7-2　ReHo 值和勇气量表显著相关的脑区

脑区	BA	MNI 坐标			最大点 t 值	体素个数
		x	y	z		
ReHo 与个人取向勇气呈正相关						
左侧颞上回（颞极）		−54	9	−9	4.12	63
左侧颞下回		−48	0	−39	4.02	132
右侧梭状回		36	−24	−27	3.71	54
ReHo 与社会取向勇气呈正相关						
左侧额下回（岛盖区）		−48	9	0	4.08	46
左侧颞中回		−51	0	−24	3.51	42
左侧颞下回		−51	−18	−27	3.38	27
ReHo 与 VIA-IS-C 呈正相关						
左侧颞上回（颞极）		−45	9	−24	4.05	20
左侧颞下回	20	−48	0	−36	3.81	82
左侧梭状回		−30	−3	−30	3.47	40

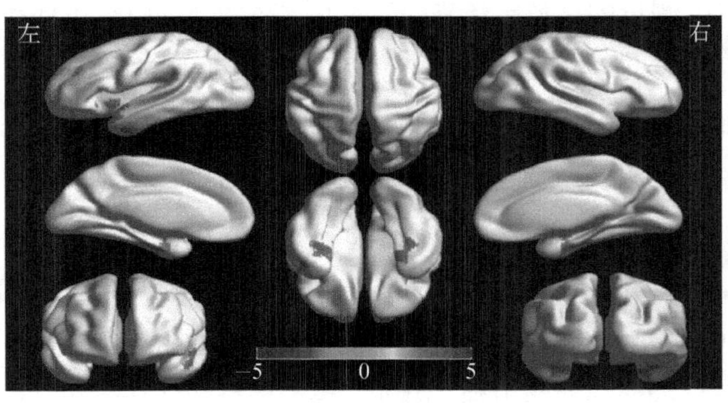

图 7-4　ReHo 值和个人取向勇气相关的脑区

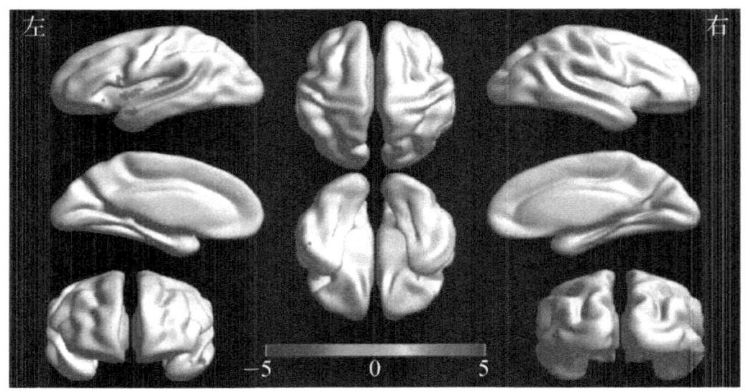

图 7-5 ReHo 值和社会取向勇气相关的脑区

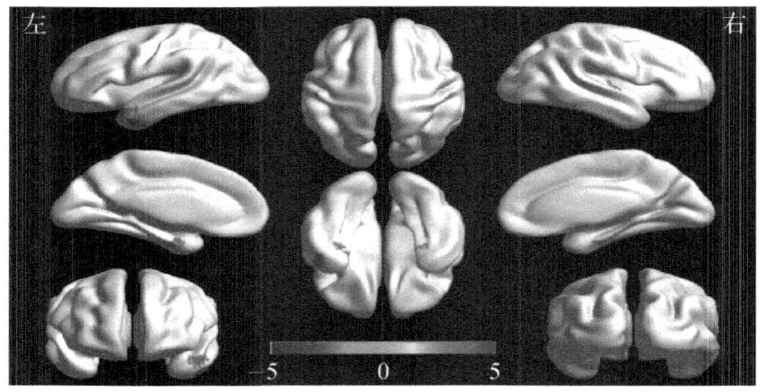

图 7-6 ReHo 值和 VIA-IS-C 相关的脑区

三、分析讨论

大脑 ReHo 测量的是特定体素与其周围体素在时间上的同步性，从而揭示内在神经活动的变化模式（Zang et al.，2004）。功能像的结果显示，与勇气呈显著正相关的脑区主要分布在颞叶，具体涵盖左侧颞上回、左侧颞中回、左侧颞下回、左侧额下回以及两侧梭状回等脑区。

过去关于这些脑区功能的研究发现，颞下回对视觉表征物体形状和大小（Denys et al.，2004；Gross，de Schonen，1992）、识别面孔和数字有重要作用（Haxby et al.，2000）；颞上回负责加工听觉刺激和语言信息（Bigler et al.，2007），也与个体对恐惧的面部情绪识别、内疚和尴尬情绪的社会认知过程有关（Radua et al.，2010；Takahashi et al.，2004）；同样，梭状回也会影响人们的词汇、面孔、颜色认知功能（McCandliss et al.，2003；Schwarzlose et al.，2005）。而本节实验中大学生的勇气得分与上述区域的 ReHo 值呈显著正相关，意味着有勇气的大学生在认知、情绪加工功能方面都非常出色。这与现实生活中有勇气个体的心理与行为特征相符，勇气水平较高的大学生在处理涉及压力、恐惧、危险等问题时不会拖延犹豫，而会对周围的要素迅速进行认知和情绪加工，及时做出判断并果断采取行动。

特别地，左侧颞下回的 ReHo 值与个人取向勇气、社会取向勇气、VIA-IS-C 的得分均呈显著正相关，似乎预示这个脑区的 ReHo 值与大学生勇气之间联系的可能性较大。因此，我们尝试了以左侧颞下回为种子点与全脑进行功能连接分析（Mennes et al.，2010），数据显示左侧颞下回与左侧舌回的功能连接和 VIA-IS-C、个人取向勇气的得分呈显著正相关，这可能提示个体的勇气得分越高，其大脑左侧颞下回与左侧舌回的功能连接强度越大。与左侧颞下回类似，左侧舌回也被认为对视觉加工起重要作用，尤其是人脸的识别和记忆功能（Kozlovskiy et al.，2014）。这两个脑区的神经活动在时间上的同步性大概说明，越有勇气的大学生在视觉认知功能方面表现越好。这一结果可能对今后进一步探测人们的勇气涉及的大脑功能网络有启发意义。

四、研究结论

本节实验对脑功能像的分析获得如下结论：越有勇气的大学生在左侧颞上回、左侧颞中回、左侧颞下回、左侧额下回、两侧梭状回等脑区的静息神经活动的 ReHo 越高。

本 章 小 结

本章实验分别从大脑结构与功能两个角度，共同揭示了勇气的神经生物学特征。通过将上述显著相关的结构图像与功能图像进行对比找出重合部分，发现了某些一致的脑区，包括左侧颞下回、左侧颞中回、左侧额下回等，说明这些脑区在结构和功能上与个体的勇气都很可能存在密切的关系。一方面，前文提到 fMRI 研究已证明左侧颞下回和左侧颞中回既涉及个体的认知加工过程，也与个体的执行控制能力有关；额下回被认为是负责个体在完成需要意志努力的任务中的执行控制、注意控制、冲突选择等功能的重要脑区（Hampshire et al.，2010；Moss et al.，2005；Swick et al.，2008）。另一方面，这一发现大概可以从历史与现实中的勇敢行为中得到解释。中国历史上著名的抗金英雄岳飞，在战场上对敌人本身特点和外部情境变化表现出敏锐的认知能力，并能果断执行杀敌作战任务。与之类似，实际生活中真正有勇气的个体，在危急情境下对自己的能力和外部条件会有清醒的认知和评价，能够有效地控制自己的行为，而不会鲁莽冲动行事。

第八章

儿童勇气品格的养成教育

本书前面的章节开发出了勇气的测量工具，阐述了勇气的发展特点，寻找到勇气的积极功能，探测了勇气的脑机制，最终的落脚点都是为勇气的养成教育服务，帮助儿童树立正确的勇气品格观。儿童阶段是个体身体素质发展的高速期，也是健全人格养成的关键期。作为儿童健全人格的重要组成部分，勇气是儿童在成长过程中适应纷繁复杂的外部世界的内在动力。

与成年人相比，儿童的勇气在年龄、性别和评判标准方面具有独特性。其一是年龄特征，小学低年级儿童偏好武力之勇、不惧之勇，高年级儿童逐渐推崇坚毅之勇、担当之勇。Szagun（1992）通过对5～6岁、8～9岁、11～12岁的儿童进行横断研究，较早发现了年龄对儿童勇气的影响。其研究结果表明，5～6岁年幼儿童认为勇气常常表现为身体方面的，11～12岁的年长儿童似乎越来越倾向于认为勇气是心理层面的。其二是性别特征，小学儿童中，男生比女生更加勇敢。在社会角色期望和父母教养方式的双重影响下，男生在面对陌生的校园学习生活环境时表现得更为大胆和热情，女生则显露出害羞和含蓄（陈会昌，王莉，1997）。其三是评判标准特征，小学儿童更注重勇敢行为的结果，而较少注意勇敢行为出现的原因或意图。这一特点与皮亚杰的道德认知发展理论相契合，有研究者用对偶故事法研究 5～13 岁儿童如何对行为责任进行判断，发现年幼儿童注重行为的客观责任，而年长儿童才会根据行为者的意向判断行为的主观责任（程学超，王美芳，1992）。

此外，判断儿童是否有勇气，应系统分析构成勇气的突破进取、坚毅不屈、主动担当三个指标系统。第一个指标突破进取是指人们不拘泥于生理、心理等各种因素的限制，对自己向往的目标不断积极进取；第二个指标坚毅不屈是指人们面对各种困难永不放弃、奋战到底、坚决不动摇的气概，可以被视为勇气行为过程中所需的意志成分；第三个指标主动担当是指人们遇到危险、打击、压力等逆境时，出于善意果断采取行动，并对自己的行为后果主动担当，在一定程度上反映了勇气的行为意图。综合起来，儿童的行为是否勇敢不只是看行为结果的突破性价值，还需要关注做出勇敢行为的出发点是否有责任感、正义感以及行为过程中是否付出努力、坚定不移。

苏霍姆林斯基（1984）认为家庭教育、学校教育和社会教育的高度融合是培养儿童健全人格发展的必要条件，这三大支柱都需要通过儿童个体的自我发展起作用。换言之，教育外部因素和自我内部因素可以看作一种双向互动的交流活动，共同制约着儿童人格的全面健康发展。勇气作为健全人格理论体系的重要组成部分，位于优秀的心理品质这一层（黄希庭，2017），也深受上述内部和外部因素的交互影响。因此，本章从自我意识、父母教养方式、教师激励、大众传媒四个角度提出培养儿童勇气的具体策略。

第一节 自我意识与儿童勇气品格

自我处于人格的核心地位，调控着个体的认知、情绪、意志和行为，拥有积极自我观的个体常常能够学业有成、事业成功、生活幸福、人格健全、心理和谐（黄希庭，2010）。自立、自信、自强、自尊、自省、自爱作为自我的重要组成部分，与人格系统中优秀的心理品质存在密切的联系。例如，本书前面章节的调查研究结果发现，大学生的自我价值感与其勇气呈显著正相关，高水平的自我价值感有助于勇气的激发。后续研究发现青年学生的自信、自立与其勇气呈显著正相关，越是自立、自信的学生往往拥有更高水平的勇气（程翠萍，2018）。因此，塑造积极的自我观可能是培养个体勇气的一种途径。个体在学习、工作、生活中难免遇到压力、挫折、困难甚至危险，体验到各种各样的负面情绪，需要爱护、接纳、尊重自己，积极主动地掌握自己的命运，对自己充满信心，给予自己积极的评价，努力向上、追求卓越，犯错误时要及时反思，从而锤炼自己坚定笃志、临危不惧、敢作敢当的勇气。

一、展现强自信

本书第五章证实了自信品格与两种取向勇气之间的正相关关系，启示我们可以通过培养儿童的自信心，从而促进儿童勇气品格的养成。部分儿童在成长的过程中遇到困难就畏首畏尾，不敢去尝试，导致许多小事都做不好，这就是缺乏对自己的认可、不自信的表现。相反，充满自信的儿童面对困难和挑战，常常会大胆尝试解决问题的办法，成功处理问题之后会获得更高的自我效能感；即使没能成功克服困难，强烈的自信心也会支撑其越挫越勇、折而不挠。

借助儿童自信心培养其勇气品格，具体可以采取以下三种策略。第一，关注自我的兴趣爱好。树立自信心的有效方法之一是尝试一些自己真正愿意投入的、喜欢的兴趣爱好，当自己有了擅长的东西以后，就时常能从展示自己长处的过程中潜移默化地强化对自己的信任，从而增加儿童应对生活学习困难的勇气。第二，避免消极的社会比较。虽然模范、榜样的作用很大，但不要总是拿自己和比自己优秀很多的人比较，以免使原本就微弱的自信心被打击，导致勇往直前精神的缺乏。第三，防止习得性无助感。例如，有一些事情特别困难，这时不要强迫自己解决这样的问题，可以先把那些困难的事情暂时放下，等到自己的能力与其相匹配的时候再来处理。尤其是在面对挫折的时候，一定要试着帮助自己准确分析原因并积极归因，切记不可将失败归因于自己能力不足，滋生习得性无助感。

二、保持高自立

同样，第五章研究结果也发现了自立与两种勇气之间的正相关关系，对激发儿童勇敢的精神气概有所启示，即训练儿童拥有独立自主的自我意识，可以帮助勇气品格的形成。对儿童自立意识和习惯的培养要从小就开始，渴望独立是儿童的天性。儿童从学会走路开始，就获得了身体的自立；当儿童能够自己吃饭、穿衣时，其就有了自立的生活体验。通过日常对儿童的观察不难发现，人格独立的儿童在心理和行为上都较少依赖他人，处于身体健康和心理和谐的状态（夏凌翔，2011），常常表现出有自主处理学习、生活中遇到难题的勇气。而自立水平较低的儿童总是习惯获得亲人、朋友、师长和同学的帮助，遇到问题不假思索地逃避和退缩，难以适应现代社会的竞争，缺少迎接学习生活挑战的勇气。

通过保持高水平自立意识培养儿童的勇气品格，具体可从训练生活技能、合理安排事项和投身社会实践三个方面着手。其一，儿童需要学会基本的生活技能，有意识地做自己力所能及的事。儿童不可能永远生活在家庭和学校的摇篮和温室中，终究要离开家庭和学校的呵护，因此，我们理应帮助儿童从小树立自立意识，激发其大胆认识和接触外部世界的勇气。其二，儿童需要懂得管理自己的学习和生活，对于涉及自身学习生活的事情能够自主决策，并提高动手能力和解决问题的能力，在问题解决的过程中强化勇气品格。其三，儿童需要大胆投身社会实践，在参与社会生活中反复锻炼自立精神。例如，积极参与校内外组织的野营、生存考验等素质拓展活动，训练儿童独立面对陌生、困难情境的勇气。

第二节　父母教养方式与儿童勇气品格

家庭是个体生活最基本的场所，被视为人格养成的工厂。这个系统主要涉及教养方式、家庭结构、家庭氛围、亲子关系、社会经济地位等众多因素的协同运作。一项深度访谈结果显示，父母的教养方式可能对孩子勇气品格的养成起着很大作用（Cheng，Huang，2017）。父母的教养方式通常是比较稳定的，大致可分为专制型、放任型、溺爱型和民主型四种（Masud et al.，2015）。前三种类型的教养方式不利于勇气品格的形成与发展。其一，专制型教养方式压制个体的独立性、自主性、创造性，阻碍其积极自我概念的形成，使个体常出现服从权威、过分从众、学业倦怠、畏缩怯懦等消极的行为（罗云等，2016），容易丧失果敢决断、迎接挑战、大胆突破的勇气。其二，放任型教养方式给予个体绝对的自由，不加任何约束，导致其行为处事冲动、极端，缺乏道德和规则意识（王丽，傅金芝，2005），也不利于勇气品格的锻造。其三，溺爱型教养方式的父母过分满足儿童的需要，在此环境下成长的个体大多以自我为中心，欠缺对他人、社会的责任感（刘闯，杨丽珠，2007），同样不利于勇气品格的形成。

一、营造和谐的家庭氛围

民主型教养方式尊重个体的自主意愿和理想，给予个体独立判断、行为自制和主动进取的机会，使个体在面对挫折时往往持乐观的态度，表现出坚韧的意志品质（Antonopoulou et al.，2012），这种教养方式更有利于培养出个体的勇气品格。因而，我们提倡采用民主型的教养方式，培养个体独立自主、果敢决断、突破创新、富于担当的勇气品格。这种教养方式最显著的特征就是家庭整体氛围宽松、和谐、民主，不易给儿童带来紧张、压迫感。家庭氛围主要指家庭环境的气氛与情调，客观地存在于每个家庭之中，并极大地影响着处于迅速发育过程中的儿童。在良好家庭氛围下成长的儿童通常活泼开朗、积极向上，有利于勇气品格的形成与发展。

具体可运用如下策略营造适宜形成勇气品格的和谐家庭气氛。第一，充分尊重孩子的人格。父母不应把孩子看成自己的附属物，不是训斥与听命、支配与服从的封建君主专制式的“威信”，而应把儿童当作一个具有完整人格的个体，给予儿童充分的尊重和平等的沟通机会，鼓励儿童发表自己的见解，勇敢地表现自己、肯定自己、坚持自己。第二，家庭成员之间要互助互信。家庭成员之间互相信任是良好亲子关系的表现，建立起信任关系的父母和孩子之间会敞开心扉，儿童很少胆怯畏惧，有利于儿童拥有主动人际交往的勇气。家庭中每位成员除了分享关爱与亲情外，还要懂得分担家庭责任，帮助儿童做出见义勇为、敢作敢当的举动。

二、适当赋予儿童选择权

民主型的父母教养方式还要求父母能够给予儿童有限的选择权，鼓励儿童自主决策，并对自己的行为负责，这些做法同样有助于勇气品格的养成。一项关于儿童减肥的心理学实验表明，自己选择减肥方案的儿童普遍比专家规定组儿童减掉了更多的体重（费尔德曼，2015）。这一实验提示，当儿童自己可以自由选择的时候，他们会最大限度地内化自己的行为，并且对自己的选择赋予更多的责任感，行动力也更加充足。需要指出的是，给孩子一些适量的选择权并不会宠坏孩子，反而会使儿童体验到目标感、重视感、自治感、力量感，锻炼其思考、分析问题的能力。相反，家长不应该为了给孩子提供暂时的方便，进而阻碍了孩子长远的发展。例如，部分家长喜欢包办儿童成长中的一切事项，强迫其一味顺从家长的选择，儿童凡事不能自己做决断，就会失去自我判断能力，遇到事情变得胆小退缩，更谈不上果敢决断的品格的养成。

因此，父母在教养孩子的过程中需要给予孩子必要的自主选择机会，并注意自由度和意愿水平两个方面的问题。一方面，给孩子选择权是有条件的，既要挑选那些孩子乐意接受的事情，也要衡量所选择的事情是否与孩子的发展水平相一致。对于那些与孩子密切相关的日常生活决策，父母可以征求孩子的意见，如“睡觉时间到了，你是要听昨天的故事呢，还是想听一个新的故事？”“你今天是想穿粉色的上衣，还是绿色的T恤？”另一方面，只有发自内心的选择才能激发儿童的潜能、自制力和责任感。对于儿童自己选择的东西，他们为了证明自己是正确的，会更加努力地去达成目标，也更能规范自己的行为，潜意识里会主动约束自己要对自己负责。

第三节　教师激励与儿童勇气品格

学校是个体接受正规教育的基本场所，教师在培育学生优秀品格的过程中发挥了重要功能。教师不仅发挥了知识传授和智能开发的功能，而且扮演了培育学生健全人格与心理和谐的角色，其创造性的教育理念直接影响学生勇气品格的形成（王云彪，2014）。教师正面的激励有助于学生勇气品格的培养，所以从教师的角度来看，以下几种激励学生勇气的策略可以尝试。

一、课堂教学渗透

课堂是教师传道、授业、解惑的主阵地，教师可以通过这一阵地将勇气品格的养成教育潜移默化地渗透到各学科的具体教学内容中，并及时地对学生所表现出的勇敢行为进行激励和嘉奖。第一，教师需要呵护儿童主动表达的勇气。尤其是那些性格内向、不善言谈的学生，面对教师的课堂提问，常常会有这样的心理活动，“如果我答错了，老师会批评我，同学会嘲笑我，还是等下次机会吧”。当儿童积极回答教师的课堂提问时，教师不可随意打断学生的发言；不论其回答结果对错与否，教师都应通过合理的言语调控、表情调控给予及时、科学的评价，帮助其获得自由表达的成功体验。第二，教师应珍惜儿童质疑权威的勇气。当儿童发现教师在课堂教学中犯下的各种小错误，或对教材教辅中的观点表示反对或质疑时，教师需要摆正自己的位置，以学习合作者的姿态鼓励儿童敢于大胆质疑的勇气，让儿童明白“学源于思，思源于疑”的道理，适时点拨儿童从“好问”发展为“善问”。第三，教师要鼓励儿童承认错误的勇气。儿童在学校学习生活中难免会犯下错误，如说脏话、撒谎、抄袭作业、上课开小差等。教师在面对学生的课堂问题行为时，可以通过强化语文、思想品德等课程的教学内容来引导学生主动承认错误，不隐瞒自己的错误。例如，对儿童渗透不要撒谎、不要抄袭作业这些观念时，可以利用人教版五年级上册思想品德教材中的《请你相信我》《诚信是金》《社会呼唤诚信》三篇课文进行主题教育。针对学生上课“开小差”的现象，可以通过三年级上册思想品德教材中的《规则在哪里？》《规则有什么用？》《我们给自己定规则》三篇课文加以渗透和感召。

此外，学校还可以增设专门训练儿童“勇商”的选修类课程，班主任可以定期组织以激发儿童“勇气”为主题的班会课。当儿童的勇敢行为能起到带头示范作用时，教师应进行积极反馈和正强化，如言语赞扬、操行积分奖励、通报嘉奖等，并号召其他儿童学习模仿这些行为。

二、课后活动倡导

除了课堂教学渗透外，教师还可以组织丰富有趣的勇气训练拓展活动，充分发挥教师激励在课后活动中的作用。活动的形式可以多样，如素质拓展、主题班会、参观访问、辩论演讲、角色扮演、故事分享等。教师通过解析和评鉴这些集趣味性、思想性于一体的实践活动，促使学生能够反复感受勇敢行为带来的主观体验。一方面，教师运用课后活动训练儿童战胜挫折的勇气。例如，组织一系列小组或团体辅导活动，如“我不怕”“我能行”“我敢做”“我想说”，帮助儿童敞开自己的心扉，直面自己的失败，合理分析困难和挫折，走出恐惧无助的阴霾。另一方面，教师采用游戏启发儿童百折不挠的勇气。例如，开展竞争性游戏，如成语接龙擂台赛、背诵古诗擂台赛、课本剧擂台赛、背诵课文擂台赛、歇后语擂台赛等，帮助儿童锻炼自己的勇气。儿童在游戏中体验并强化勇气精神，如此有利于培养小学儿童突破进取、坚持不懈的勇气品质。

第四节　大众传媒与儿童勇气品格

当今信息社会中，互联网进入千家万户。调查显示，大众传媒对个体的观念、情感、心理特征和行为倾向的影响超过了以往任何一个时代（王俊华等，2007）。大众传媒是由文本、图像、音频、视频等信息载体组成的面向大众的公共话语体系，具有传承道德文化、塑造人格品质、引领主流价值的教育功能。同样，广泛利用大众传媒也是培养勇气品格的一种重要途径。有利于个体勇气品格形成与发展的媒体环境，应该是在正确价值观的指导下，把追求真理、坚持正义、宣传优美作为首要的价值立场的媒体环境。

一、宣传勇者楷模

大众传媒致力于报道那些喜闻乐见、广泛认同的典范勇敢行为，可以培养儿童对百折不挠、坚毅不屈、临危不惧、大胆突破、敢于担当、舍生取义等勇气品格的美好向往和积极追求。宣传的媒介可以是儿童喜爱的影视作品，也可以是历史人物的传记图书，还可以是官方网站、微博、微信公众号的软文等。例如，以重庆市彭水县水田村小学教师张宗茂为原型的教育影片《守望一生》，展现了百折不挠的勇气；纪录片《创新中国》讲述了中国在当前技术革命浪潮中的大国风范，展示出大胆突破的勇气；纪录片《汶川大地震纪实》中成千上万的武警官兵不顾生命危险在地震发生后赶赴灾区救援，彰显出临危不惧、舍生取义的勇气；《幸福马上来》以温情的百姓故事，演绎出老牌“调解超人”马尚来勇于担当的勇气。

二、揭露怯懦恶果

大众媒体通过客观揭露一些因怯懦、胆小、恐惧、缺乏责任感导致亲友伤亡、失去家园、贪污腐败、环境污染的事实，也能引发大众反思勇气品格的重要性及其缺失的恶果。由此，通过大众传媒宣传缺失勇气的案例，帮助儿童认识到怯懦胆小的严重恶果，促进儿童见义勇为的勇气品格的养成。

本章小结

儿童期是个人道德发展的关键时期，与其成年期的道德观念形成有着密切的关系。儿童的道德发展尚未成熟，对不良刺激缺乏相应的甄别能力，因此需要开展必要的儿童品格教育活动。儿童的品格教育，常常是通过开展有益于个人和社会的核心美德教导来实现的，品格教育的主体包括个体、学校、家庭和社会。基于这四个品格教育主体，本章探究了通过树立积极的自我意识、民主的父母教养方式、正向的教师激励、广泛的大众传媒培养儿童勇气品格的可行策略。诚然，儿童品格教育不宜采用机械式与灌输式的训练，而需走向回归人性与价值之路。培养儿童的勇气品格不仅要使其做到“知之”，而且要使其完全“乐之”“好之”，激发儿童的内在动机和生命体验。

附　　录

附录 1　勇气语料库（节选）

序号	语料描述
1	有夏昏德，民坠涂炭，天乃锡王勇智。——《尚书·仲虺之诰》
2	无拳无勇，职为乱阶；既微且尰，尔勇伊何。——《诗经·小雅》
3	敌在前敢斗者，勇也。——《韩诗外传·卷二》
4	故所贵於勇敢者，贵其敢行礼义也。——《礼记·聘义》
5	不登於明堂，死而不义，非勇也。——《春秋左氏传·文公》
6	大勇，义理所发。——《四书章句集注·〈孟子集注〉卷二》
7	尝得土军五百人，劲勇善战。——《日知录·卷九》
8	克己自胜，非君子之大勇，不可能也。——《周易原旨·卷四》
9	膺突向前，其性悍勇。——《史记卷六·秦始皇本纪第六》
10	太史公曰：知死必勇，非死者难也，处死者难。——《史记卷八一·廉颇蔺相如列传第二一》
11	夫婢妾贱人，感慨而自杀，非能勇也。——《汉书卷三七·季布栾布田叔列传第七》
12	故并州刺史长沙祝良，性多勇决。——《后汉书卷八六·南蛮西南夷列传第七六》
13	勇过聂政，功逾介子，可谓杀身成仁，释生取义者矣。——《三国志卷一·魏书四》
14	勇于改为，欲以文致太平。——《清史稿卷九四·乐志和仲冬纪第六九》
15	吾闻之："仁不怨君，智不重困，勇不逃死。"——《国语卷第八·晋语二》
16	鲍本奋，言勇不顾死。——《战国策·卷三》
17	流行赴百仞之嵠而不惧，此似勇；至量必平之，此似法。——《孔子家语·卷第二》
18	勇而不当义，法而不当务。——《吕氏春秋·当务》
19	休居乡不见谓不修，临难不见谓不勇。——《庄子卷七上·达生第十九》

续表

序号	语料描述
20	今舍慈且勇，舍俭且广，舍後且先，死矣。——《老子·道德经第六十七章》
21	悍戆好斗，似勇而非。——《荀子·大略篇第二十七》
22	与勇者言依於敢。——《鬼谷子·捭阖第一》
23	恨乎所行，不死，无勇。——《晏子谏第二十四 》
24	有勇而不以怒，使群臣尽其武。——《韩非子·主道第五》
25	折而不挠，勇也。——《管子·水地第三十九》
26	诚既勇兮又以武，终刚强兮不可凌。——《楚辞·九歌》
27	归田不待老，勇决凡几个。——《苏轼集·卷十二》
28	赴义之勇，不战而胜，全师以归，隐然之功。——《王阳明全集·知行录之六》
29	卫人嘉其勇义兮，讫于今而称云。——《东征赋》
30	公心有勇气，公口有直言。——《全唐诗·第三四〇卷 》

附录2　勇气编码词典（节选）

编号	编码名称	材料来源	参考点	含义
1	A 型人格增加勇气	1	2	属于 A 型人格的个体，勇气相对水平更高
2	褒义词	18	22	从感情色彩来讲，使用勇气一词描述他人含有褒义
3	悲伤减少勇气	7	7	处于悲伤情绪下，个体的勇气会比平常少
4	背离常态	6	6	与人们的日常生活状态不符合
5	表达自我	4	5	敢于表达自己的看法和思想
6	不放弃	5	5	遭遇打击，不放弃原有思想和行为
7	不害怕	1	2	没有害怕情绪
8	不间断还巨额房贷	1	1	个体持续不断地偿还所欠的高额房贷
9	不惧危险	15	21	不害怕危险及危机
10	不开心增加勇气	1	1	心情不开心的时候，勇气反而增加
11	不怕被拒绝	2	2	表白之后不害怕被拒绝的窘境
12	不怕后果	7	10	做事情不畏惧后果

续表

编号	编码名称	材料来源	参考点	含义
13	不屈挫折	12	18	遇到挫折不屈服
14	不屈强权	5	7	在强权面前不低头
15	不随大流	3	3	不轻易跟随别人的观点
16	不逃避	6	9	不逃脱、不躲避
17	不畏缩	5	10	不害怕、不退缩
18	财经名人勇者	1	1	财经领域有名气的勇敢之人
19	倡导文化氛围	2	2	营造推崇勇气的文化氛围
20	超越自我	5	9	越过自己现有的一切
21	成功经历增加勇气	4	5	过去取得成功的经验，会更有勇气做类似的事
22	承担个人责任	10	14	出自个人责任做出勇敢行为
23	承担社会责任	12	20	基于社会责任做出勇敢行为
24	承受压力	14	28	承受来自内外的压力
25	冲破现状	7	9	冲破原有的状态
26	创新	12	16	超越原有的制度、事物，创造新事物
27	打破传统	8	11	打破过去传统的东西
28	大胆	7	11	胆子大，在有一定风险时不顾危险或害怕而前进
29	胆小减少勇气	1	1	胆子小的人勇气会偏少
30	当机立断	9	13	在紧要时刻立即做出决断

附录 3　中国人勇气量表

中国人个人取向勇气分量表

1. 遇到经济困难时，我能够百折不挠地迎难而上。
2. 我敢于矢志不渝地追求自己的理想。
3. 我能够突破自己的思维定式、推陈出新。
4. 我敢于冲破对陌生人和事的担忧去适应新环境。

5. 我不能直面自己的恐惧。*
6. 我经常为自己所犯的情感错误找各种借口。*
7. 我敢于主动承担学习或工作中由失误造成的不良后果。
8. 我不敢面对人际交往中出现的矛盾和纠纷。*
9. 我畏惧失败，难以走出内心的阴影。*
10. 自己说过的话惹来麻烦，我总会逃避责任。*
11. 我努力超越自己能力的局限，开拓新事业。
12. 即使经历重大灾难，我也决不放弃。
13. 我不敢坚持自己的观点，往往随波逐流。*
14. 我害怕学习或工作上的阻碍，常常半途而废。*

中国人社会取向勇气分量表

1. 为捍卫朋友的权益，我能够坚决拒绝他人给予的好处。
2. 我会坚决抵制名利诱惑，以维护集体公平。
3. 我敢于挑战自然极限，挖掘人类的无限潜能。
4. 我致力于创造新思想，希望能推动国家的发展。
5. 国家安全受到威胁时，我会不惜生命代价冲锋陷阵。
6. 尽管承受巨大的压力，我仍然会坚守社会正义。
7. 即使自己利益受损，我也会坚持保护环境不动摇。
8. 在敌人的武力威逼下，我会屈服而出卖国家机密。*
9. 遇到违法犯罪的情境时，我将果断挺身而出。
10. 他人处于危险时，我敢于冒险给予救助。
11. 我竭力开辟新道路来帮助解决世界难题。
12. 我不敢挑战权威去催生社会某领域的变革。*
13. 我不敢出面为遭受社会不公平待遇的人们主持公道。*
14. 当维护人类和平需要出力时，我会退缩。*

印象管理和效度题

1. 我有时喜欢说别人的闲话。

注：*为反向计分，下同。

2. 我从来没有骂过脏话。*
3. 有时我很嫉妒别人的幸运。*
4. 我偶尔会说谎。*
5. 我从来没有讨厌过谁。
6. 我确信我认真填答了以上问题。

参 考 文 献

阿迪力·穆罕默德.（2008）. *关于人生道路的格言*. 乌鲁木齐：新疆美术摄影出版社.

艾肯，格罗思-马纳特.（2011）. *艾肯心理测量与评估*. 张厚粲，赵守盈译. 北京：中国人民大学出版社.

班杜拉.（2015）. *社会学习理论*. 陈欣银，李伯黍译. 北京：中国人民大学出版社.

毕重增.（2006）. *自信人格理论的建构*（博士学位论文）. 西南大学，重庆.

毕重增，黄希庭.（2009）. 青年学生自信问卷的编制. *心理学报*，*41*（5），444-453.

柏拉图.（1986）. *理想国*. 郭斌和，张竹明译. 北京：商务印书馆.

蔡元培.（2012）. *中学修身教科书*. 王洪刚等译. 北京：中央广播电视大学出版社.

晁福林.（2009）. *中国古代史*. 北京：北京师范大学出版社.

车丽萍，庞连生，黄大伟，赵紫凤.（2010）. 大学生心理健康与自信人格的关系研究. *西南大学学报（社会科学版）*，*36*（6），20-24.

陈宏天.（2007）. *昭明文选译注*. 长春：吉林文史出版社.

陈会昌，王莉.（1997）. 1—10 岁儿童父母的教育观念. *心理发展与教育*，*13*（1），40-43.

陈立胜.（2008）.《论语》中的勇：历史建构与现代启示. *中山大学学报（社会科学版）*，*48*（4），112-123.

陈树林，郑全全，潘健男，郑胜圣.（2000）. 中学生应对方式量表的初步编制. *中国临床心理学杂志*，*8*（4），211-214.

陈向明.（2000）. *质性研究方法与社会科学研究*. 北京：教育科学出版社.

程翠萍.（2018）. 青年学生勇气与自信、自立的关系调查研究. *心理学进展*，*8*（9），1350-1356.

程翠萍，黄希庭.（2014）. 勇气：理论、测量及影响因素. *心理科学进展*，*22*（7），1170-1177.

程翠萍，黄希庭.（2016a）. 我国古籍中"勇"的心理学探析. *心理科学*，*39*（1），245-250.

程翠萍，黄希庭.（2016b）. 中国人勇气量表的建构. *西南大学学报（社会科学版）*，*42*（1），93-99.

程颢，程颐.（1981）. *二程集*. 北京：中华书局.

程学超，王美芳.（1992）. 儿童亲社会道德推理的发展研究. *心理科学*，（3），13-17.

窦温暖，王敬群，邵淑娟.（2007）. 高中生学业成绩、归因方式、应对方式与自尊的关系. *江西教育科研*，（6），57-59.

费尔德曼.（2015）. *发展心理学——人的毕生发展*. 苏彦捷等译. 北京：世界图书出版公司.

高良，郑雪，严标宾.（2010）. 幸福感的中西差异：自我建构的视角. *心理科学进展*，*18*（7），1041-1045.

耿晓伟，张峰，郑全全.（2009）. 外显与内隐自尊对大学生主观幸福感的预测. *心理发展与教*

育，*25*（1），97-102.

顾炎武.（2012）. *日知录*. 严文儒，戴扬本校点. 上海：上海古籍出版社.

顾野王.（1987）. *大广益会玉篇*. 北京：中华书局.

郭成，阴山燕，赵慧.（2005）. 高中生的压力应对方式及其与学业成绩关系的研究. *西南师范大学学报（人文社会科学版）*，*31*（6），61-64.

郭璞.（2015）. *尔雅*. 王世伟校点. 上海：上海古籍出版社.

郭玉霞等.（2009）. *质性研究资料分析：Nvivo 8 活用宝典*. 台北：高等教育文化事业有限公司.

韩非子.（2007）. *韩非子*. 陈秉才译注. 北京：中华书局.

胡金生，黄希庭.（2009）. 自谦：中国人一种重要的行事风格初探. *心理学报*，*41*（9），842-852.

黄希庭.（2010）. *健全人格与心理和谐*. 重庆：重庆出版社.

黄希庭.（2014）. *探究人格奥秘*. 北京：商务印书馆.

黄希庭.（2017）. 人格研究中国化之我见. *心理科学*，*40*（6），1518-1523.

黄希庭，范蔚.（2001）. 人格研究中国化之思考. *西南师范大学学报（人文社会科学版）*，*27*（6），45-50.

黄希庭，杨雄.（1998）. 青年学生自我价值感量表的编制. *心理科学*，*21*（4），289-292.

黄希庭，尹天子.（2012）. 从自尊的文化差异说起. *心理科学*，*35*（1），2-8.

黄希庭，尹天子.（2016）. *做幸福进取者*. 南京：江苏人民出版社.

黄希庭，余华，郑涌，杨家忠，王卫红.（2000）. 中学生应对方式的初步研究. *心理科学*，*23*（1），1-5.

黄希庭，郑涌，李宏翰.（2006）. 学生健全人格养成教育的心理学观点. *广西师范大学学报（哲学社会科学版）*，*42*（3），90-94.

霍恩比.（2005）. *牛津高阶英汉双解词典*. 石孝殊等译. 北京：商务印书馆.

贾文倩.（2015）. *中小学生勇气调查及对策研究*（硕士学位论文）. 南昌大学，南昌.

贾谊.（2007）. *新编诸子集成：新书校注*. 阎振益，钟夏校注. 北京：中华书局.

李耳.（2006）. *老子*. 饶尚宽译注. 北京：中华书局.

李洪玉，阴国恩.（1997）. 中小学生学业成就与非智力因素的相关研究. *心理科学*，*20*（5），423-427.

李继凯，刘瑞春.（2001）. *解析吴宓*. 北京：社会科学文献出版社.

李丽菊，施灿权.（2014）. 小学生正负性情绪特点及其与学业成绩的关系. *中国学校卫生*，*35*（1），111-112.

李林兰.（2009）. *中国人的勇——心理结构及测量*（硕士学位论文）. 华中师范大学，武汉.

李雨，舒华.（2014）. 默认网络的神经机制、功能假设及临床应用. *心理科学进展*，*22*（2），234-249.

李育辉，张建新.（2004）. 中学生的自我效能感、应对方式及二者的关系. *中国心理卫生杂志*，*18*（10），711-713.

林崇德，杨治良，黄希庭.（2004）. *心理学大辞典*. 上海：上海教育出版社.

刘闯，杨丽珠.（2007）. 父母教养方式对 3～6 岁幼儿责任心发展的影响. *学前教育研究*，（1），56-59.

刘少奇.（2002）. *论共产党员的修养*. 北京：人民出版社.

刘文婧，许志星，邹泓.（2012）. 父母教养方式对青少年社会适应的影响：人格类型的调节作用. *心理发展与教育*, *28*（6），625-633.

刘志军.（2007）. 初中生乐观主义与其学业成绩的关系及中介效应分析. *心理发展与教育*, *23*（3），73-78.

鲁迅.（2006）. *华盖集续编*. 北京：人民文学出版社.

陆九渊.（1980）. *陆九渊集*. 钟哲点校. 北京：中华书局.

陆洛.（1998）. 中国人主观幸福感之内涵、测量及相关因素探讨. *国家科学委员会研究汇刊：人文及社会科学*, *8*（1），115-137.

陆洛.（2007）. 个人取向与社会取向的自我观：概念分析与实征测量. *美中教育评论*, *4*（2），1-23.

陆洛，杨国枢.（2005）. 社会取向与个人取向的自我实现观：概念分析与实征初探. *本土心理学研究*,（23），3-69.

罗宾森，谢弗，莱特斯曼.（1997）. *性格与社会心理测量总览*. 杨宜音等译. 台北：远流出版公司.

罗云，陈爱红，王振宏.（2016）. 父母教养方式与中学生学业倦怠的关系：自我概念的中介作用. *心理发展与教育*, *32*（1），65-72.

吕不韦.（2007）. *吕氏春秋*. 张双棣等译注. 北京：中华书局.

马艳云.（2010）. 小学高年级学生积极心理品质培养研究. *中国特殊教育*,（11），24-28.

毛晃，毛居正.（2005）. *增修互注礼部韵略*. 北京：北京图书馆出版社.

蒙田.（2009）. *蒙田随笔*. 李林，戴兴伟译. 上海：上海三联书店.

墨翟.（2011）. *墨子*. 方勇译注. 北京：中华书局.

钱笠.（2012）. *吴越春秋*. 南京：江苏人民出版社.

钱钟书.（1991）. *围城*. 北京：人民文学出版社.

乔芳，丁道勇.（2013）. 何种勇气——小学德育教科书中勇气概念的错位. *上海教育科研*,（10），33-37.

乔军豫，向天渊.（2010）. 吴宓与郁达夫爱情遭际之比较. *山西大同大学学报（社会科学版）*, *24*（2），48-50.

容庚.（1985）. *金文编*. 北京：中华书局.

塞德曼.（2009）. *质性研究中的访谈：教育与社会科学研究者指南*. 周海涛译. 重庆：重庆大学出版社.

三毛.（2003）. *随想*. 哈尔滨：哈尔滨出版社.

单志艳.（2010）. 小学低年级学生积极心理品质培养研究. *中国特殊教育*,（11），20-23.

沈卫威.（2000）. *情僧苦行：吴宓传*. 北京：东方出版社.

叔本华.（2003）. *叔本华人生哲学*. 李成铭等译. 北京：九州出版社.

舒跃育，王栋.（2012）. 心理传记资料分析中的"凸显性指标". *心理科学*, *35*（2），462-466.

斯奈德，洛佩斯.（2013）. *积极心理学：探索人类优势的科学与实战*. 王彦，席居哲，王艳梅译. 北京：人民邮电出版社.

松下幸之助.（2014）. *每天做好最重要的一件事*. 北京：新星出版社.

苏霍姆林斯基.（1984）. *给教师的建议*. 杜殿坤编译. 北京：教育科学出版社.

孙晓娥.（2011）. 扎根理论在深度访谈研究中的实例探析. *西安交通大学学报（社会科学版）*,

3（6），87-92.

唐圭璋.（1999）. *全宋词*. 北京：中华书局.

汪宏，窦刚，黄希庭.（2006）. 大学生自我价值感与主观幸福感的关系研究. *心理科学*，*29*（3），597-600.

汪玲，雷雳，CULJAK，T.（2000）. 效能信念、加工方式和困难应对策略——关于自我调节学习的特点及各成分间关系的探讨. *心理发展与教育*，*16*（3），30-35.

王翠英，刘丽.（2009）."浩然之气"与"大丈夫"之德——孟子"勇"思想探析. *燕山大学学报（哲学社会科学版）*，*10*（1），10-13.

王俊华，葛茂林，郭素珍，边晓娜.（2007）. 大众传媒价值取向对青少年的影响研究. *河北师范大学学报（哲学社会科学版）*，*30*（3），130-137.

王磊，郑雪.（2011）. 大学生自我价值感领域权变性与主观幸福感的关系. *心理发展与教育*，*27*（4），434-440.

王丽，傅金芝.（2005）. 国内父母教养方式与儿童发展研究. *心理科学进展*，*13*（3），298-304.

王守仁.（2011）. *王阳明全集*. 上海：上海古籍出版社.

王先谦.（1988）. *荀子集解*. 北京：中华书局.

王晓昌，葛茂林.（2007）. 大众传媒价值取向与国民"公民人格"的养成. *河北学刊*，*27*（5），213-216.

王永，王振宏.（2013）. 大学生的心理韧性及其与积极情绪、幸福感的关系. *心理发展与教育*，*29*（1），94-100.

王云彪.（2014）. 教师教育中创新勇气的激发与培养. *高等教育研究*，*35*（8），77-81.

王振宏，李彩娜.（2011）. *教育心理学*. 北京：高等教育出版社.

卫萍.（2016）. 小学生积极心理品质与学业成绩的关系研究. *中国特殊教育*，（10），65-70.

温忠麟，叶宝娟.（2014）. 有调节的中介模型检验方法：竞争还是替补？ *心理学报*，*46*（5），714-726.

吴继霞，赵子真.（2008）. 竺可桢人格特质初探. *苏州大学学报（哲学社会科学版）*，*29*（5），117-120.

吴宓.（1998）. *吴宓日记（第I卷）*. 北京：生活·读书·新知三联书店.

吴宓.（2004）. *吴宓诗集*. 北京：商务印书馆.

吴明隆.（2009）. *结构方程模型——AMOS 的操作与应用*. 重庆：重庆大学出版社.

吴明隆.（2010）. *问卷统计与分析实务——SPSS 操作与应用*. 重庆：重庆大学出版社.

吴明隆.（2013）. *结构方程模型——AMOS 实务进阶*. 重庆：重庆大学出版社.

吴沙.（2009）. *大学生勇气问卷的编制及特点研究*（硕士学位论文）. 西南大学，重庆.

吴秀明.（2008）. *郁达夫全集*. 杭州：浙江大学出版社.

吴学昭.（2011）. *吴宓书信集*. 北京：生活·读书·新知三联书店.

吴艳，温忠麟.（2011）. 结构方程建模中的题目打包策略. *心理科学进展*，*19*（12），1859-1867.

西塞罗.（2015）. *论义务*. 张竹明，龙莉译. 南京：译林出版社.

夏凌翔.（2010）. *自立的法则与培养*. 合肥：安徽教育出版社.

夏凌翔.（2011）. 自立人格与心身症状：特质-应激-症状相符中介模型的检验. *心理学报*，*43*（6），650-660.

夏凌翔，黄希庭.（2008）. 青少年学生自立人格量表的建构. *心理学报*，*40*（5），593-603.

夏凌翔，黄希庭.（2009）. 青少年学生自立人格量表的信度与效度. *心理科学*，*32*（4），952-954.

夏凌翔，黄希庭，万黎，杨红升.（2011）. 大学生的自立人格与现实问题解决. *心理发展与教育*，*27*（1），52-58.

夏征农.（2002）. *辞海*. 上海：上海辞书出版社.

项滢.（2017）. 挑战“主流”昌明国粹——吴宓的冷暖人生. *长安学刊（哲学社会科学版）*，（1），15-17.

邢占军，王宪昭，焦丽萍，周天楠，张仁坤，于向阳，...宁福海.（2002）. 几种常用自陈主观幸福感量表在我国城市居民中的试用报告. *健康心理学杂志*，*10*（5），325-326.

徐建平，张厚粲.（2005）. 质性研究中编码者信度的多种方法考察. *心理科学*，*28*（6），1430-1432.

许慎.（1988）. *说文解字注*. 段玉裁注. 上海：上海古籍出版社.

亚里士多德.（2003）. *尼各马可伦理学*. 廖申白译. 北京：商务印书馆.

杨伯峻.（1960）. *孟子译注*. 北京：中华书局.

杨伯峻.（1980）. *论语译注*. 北京：中华书局.

杨伯峻.（2009）. *春秋左传注*. 北京：中华书局.

杨国枢.（2004）. 华人自我的理论分析与实证研究：社会取向与个人取向的观点. *本土心理学研究*，*22*（3），1-80.

杨国枢，黄光国，杨中芳.（2008）. *华人本土心理学*. 重庆：重庆大学出版社.

杨国枢，文崇一，吴聪贤，李亦园.（2006）. *社会及行为科学研究法*. 重庆：重庆大学出版社.

杨金海，徐文明.（1997）. *智信勇*. 北京：中国青年出版社.

杨柳桥.（2012）. *庄子译注*. 上海：上海古籍出版社.

杨鲁静.（2011）. *品格优势的评估及其在心理临床中的应用*（博士学位论文）. 华东师范大学，上海.

杨天宇.（2007）. *礼记译注*. 上海：上海古籍出版社.

杨雄，黄希庭.（1999）. 青少年学生自我价值感特点的初步研究. *心理科学*，*22*（6），484-487.

杨中芳.（2009a）. *如何理解中国人：文化与个人论文集*. 重庆：重庆大学出版社.

杨中芳.（2009b）. *如何研究中国人：心理学研究本土化论文集*. 重庆：重庆大学出版社.

尹华站，苏琴，黄希庭.（2012）. 国内十年主观幸福感研究的内容分析. *西南大学学报（社会科学版）*，*38*（5），100-105.

英国柯林斯公司.（2008）. *柯林斯高阶英汉双解词典*. 姚乃强等译. 北京：商务印书馆.

于丹.（2006）. *于丹《论语》心得*. 北京：中华书局.

余迺永.（2000）. *新校互注宋本广韵*. 上海：上海辞书出版社.

俞爱月，王岚，温多红.（2009）. 医学生应对方式、自尊水平与学习成绩的相关性研究. *现代预防医学*，*36*（9），1697-1699.

俞国良，林崇德.（1999）. 论心理学视野中的教师培养与发展. *教育研究*（10）29-35.

俞国良，罗晓路.（2016）. 埃里克森：自我认同与心理社会性发展理论. *中小学心理健康教育*，（7），41-44.

袁莉敏，张日昇.（2007）. 大学生归因方式、气质性乐观与心理幸福感的关系. *心理发展与教*

育，*23*（2），111-115.

张虹，陈树林，郑全全.（1999）. 高中学生心理应激及其中介变量的研究. *心理科学*，*22*（6），508-511.

张建人，周晋彪，凌辉.（2010）. 鲁迅人格的心理传记学研究. *中国临床心理学杂志*，（3），340-342.

张力为，梁展鹏.（2002）. 运动员的生活满意感：个人自尊与集体自尊的贡献. *心理学报*，*34*（2），160-167.

张咏梅，郝懿，李美娟.（2012）. 教师因素、学生因素对学生学业成绩影响的实证研究——基于大规模测验数据的多层线性模型分析. *教师教育研究*，*24*（4），56-62.

赵尔巽.（1977）. *清史稿*. 北京：中华书局.

赵凌燕.（2008）. 中学生应对方式及其与心理健康的关系研究. *中国健康心理学杂志*，*16*（9），1000-1003.

赵明仁.（2010）. 农村中小学生的学习投入、心理感受与学业成绩. *课程·教材·教法*，*30*（10），20-25.

郑剑虹.（2006）. 作为心理学学科的历史心理学. *湛江师范学院学报*，*27*（4），85-90.

郑剑虹，黄希庭，张进辅.（2003）. 梁漱溟人格的初步研究. *心理科学*，*26*（1），9-12.

郑日昌，蔡永红，周益群.（1999）. *心理测量学*. 北京：人民教育出版社.

中国社会科学院语言研究所词典编辑室.（2005）. *现代汉语词典*. 北京：商务印书馆.

中国思想政治工作研究会，中宣部思想政治工作研究所.（2006）. *中国人的美德：仁义礼智信*. 北京：中国人民大学出版社.

周宝珠，陈振.（2007）. *中国历史 8：宋史*. 北京：人民出版社.

周雅，刘翔平.（2011）. 大学生的性格优势及与主观幸福感的关系. *心理发展与教育*，*27*（5），536-542.

朱其方.（1993）. 小学生非智力因素与学业成绩关系的调查研究. *宁夏教育*，（11），22-23.

朱熹.（1983）. *四书章句集注*. 北京：中华书局.

左丘明.（2013）. *国语*. 陈桐生译注. 北京：中华书局.

Robinson，Shaver，& Wrightsman（1997）. *性格与社会心理测量总览*. 杨宜音，张志学译. 台湾：远流出版事业股份有限公司.

Acheson，D. J.，& Hagoort，P.（2013）. Stimulating the brain's language network：Syntactic ambiguity resolution after TMS to the inferior frontal gyrus and middle temporal gyrus. *Journal of Cognitive Neuroscience*，*25*（10），1664-1677.

Amos，B.，& Klimoski，R. J.（2014）. Courage：Making teamwork work well. *Group & Organization Management*，*39*（1），110-128.

Andrews-Hanna，J. R.（2012）. The brain's default network and its adaptive role in internal mentation. *The Neuroscientist*，*18*（3），251-270.

Antonopoulou，K.，Alexopoulos，D. A.，& Maridaki-Kassotaki，K.（2012）. Perceptions of father parenting style，empathy，and self-esteem among Greek preadolescents. *Marriage & Family Review*，*48*（3），293-309.

Armstrong，K.，Best，S.，& Domenici，P.（2006）. *Courage After Fire：Coping Strategies for Troops Returning From Iraq and Afghanistan and Their Families*. Berkley：Ulysses Press.

Baron, R. M., & Kenny, D. A. (1986). The moderator-mediator variable distinction in social psychological research: Conceptual, strategic, and statistical considerations. *Journal of Personality and Social Psychology*, *51* (6), 1173-1182.

Batson, C. D., Kennedy, C. L., Nord, L. A., Stocks, E. L., Fleming, D. Y. A., Marzette, C. M., ... & Zerger, T. (2007). Anger at unfairness: Is it moral outrage? *European Journal of Social Psychology*, *37* (6), 1272-1285.

Beck, M. C. (2012). Aristotle's theory of the virtues of temperance, courage, and generosity as part of a universal model for leadership practices today//Prastacos, G. P., Wang, F., & Soderquist, K. E. *Leadership Through the Classics* (pp.147-159). Berlin: Springer-Verlag.

Becker, S. W., & Eagly, A. H. (2004). The heroism of women and men. *American Psychologist*, *59* (3), 163-178.

Bigler, E. D., Mortensen, S., Neeley, E. S., Ozonoff, S., Krasny, L., Johnson, M., ... & Lainhart, J. E. (2007). Superior temporal gyrus, language function, and autism. *Developmental Neuropsychology*, *31* (2), 217-238.

Biswas-Diener, R. (2012). *The Courage Quotient: How Science Can Make You Braver*. San Francisco: John Wiley.

Botvinick, M. M., Braver, T. S., Barch, D. M., Carter, C. S., & Cohen, J. D. (2001). Evaluating the demand for control: Anterior cingulate cortex and conflict monitoring. *Psychological Review*, *108*, 624-652.

Brdar, I., & Kashdan, T. B. (2010). Character strengths and well-being in Croatia: An empirical investigation of structure and correlates. *Journal of Research in Personality*, *44* (1), 151-154.

Brokenleg, M., & van Bockern, S. (2003). The science of raising courageous kids. *Reclaiming Children and Youth*, *12* (1), 22-26.

Buckner, R. L., Krienen, F. M., & Yeo, B. T. (2013). Opportunities and limitations of intrinsic functional connectivity MRI. *Nature Neuroscience*, *16* (7), 832-837.

Cheng, C. P., & Huang, X. T. (2017). An exploration of courage in Chinese individuals. *The Journal of Positive Psychology*, *12* (2), 141-150.

Cheung, G. W., & Rensvold, R. B. (2002). Evaluating goodness-of-fit indexes for testing measurement invariance. *Structural Equation Modeling*, *9* (2), 233-255.

Clancy, T. R. (2003). Courage and today's nurse leader. *Nursing Administration Quarterly*, *27* (2), 128-132.

Cole, M. W., & Schneider, W. (2007). The cognitive control network: Integrated cortical regions with dissociable functions. *NeuroImage*, *37* (1), 343-360.

Conard, M. A. (2006). Aptitude is not enough: How personality and behavior predict academic performance. *Journal of Research in Personality*, *40* (3), 339-346.

Coolbrandt, A., & Grypdonck, M. H. (2010). Keeping courage during stem cell transplantation: A qualitative research. *European Journal of Oncology Nursing*, *14* (3), 218-223.

Coutinho, J. F., Sampaio, A., Ferreira, M., Soares, J. M., & Gonçalves, O. F. (2013). Brain correlates of prosocial personality traits: A voxel-based morphometry study. *Brain Imaging and Behavior*, *7* (3), 293-299.

Cremers, H., van Tol, M. J., Roelofs, K., Aleman, A., Zitman, F. G., van Buchem, M. A., ... & van der Wee, N. J. (2011). Extraversion is linked to volume of the orbitofrontal cortex and amygdala. *PloS One*, *6* (12), 1-6.

Critchley, H. D., Mathias, C. J., Josephs, O., O'Doherty, J., Zanini, S., Dewar, B. K., ... & Dolan, R. J. (2003). Human cingulate cortex and autonomic control: Converging neuroimaging and clinical evidence. *Brain*, *126* (10), 2139-2152.

Crowne, D. P., & Marlowe, D. (1960). A new scale of social desirability independent of psychopathology. *Journal of Consulting Psychology*, *24* (4), 349-354.

Denys, K., Vanduffel, W., Fize, D., Nelissen, K., Peuskens, H., van Essen, D., & Orban, G. A. (2004). The processing of visual shape in the cerebral cortex of human and nonhuman primates: A functional magnetic resonance imaging study. *The Journal of Neuroscience*, *24* (10), 2551-2565.

Deyoung, C. G., & Gray, J. R.(2009). Personality neuroscience: Explaining individual differences in affect, behavior, and cognition//Corr, P. J., & Matthews, G. *The Cambridge Handbook of Personality Psychology* (pp.323-346). New York: Cambridge University Press.

Deyoung, C. G., Hirsh, J. B., Shane, M. S., Papademetris, X., Rajeevan, N., & Gray, J. R. (2010). Testing predictions from personality neuroscience: Brain structure and the Big Five. *Psychological Science*, *21* (6), 820-828.

Diener, E., Suh, E., Lucas, R. E., & Smith, H. L.(1999). Subjective well-being: Three decades of progress. *Psychological Bulletin*, *125* (2), 276-302.

Dosenbach, N. U., Fair, D. A., Cohen, A. L., Schlaggar, B. L., & Petersen, S. E. (2008). A dual-networks architecture of top-down control. *Trends in Cognitive Sciences*, *12* (3), 99-105.

Du, J., & Choi, J. N. (2010). Pay for performance in emerging markets: Insights from China. *Journal of International Business Studies*, *41* (4), 671-689.

Duan, W., Ho, S. M., Bai, Y., & Tang, X.(2013). Psychometric evaluation of the Chinese virtues questionnaire. *Research on Social Work Practice*, *23* (3), 336-345.

Duan, W., Ho, S. M. Y., Bai, Y., Tang, X., Zhang, Y., Li, T., & Yuen, T. (2012). Factor structure of the Chinese virtues questionnaire. *Research on Social Work Practice*, *22* (6), 680-688.

Duff, A., Boyle, E., Dunleavy, K., & Ferguson, J.(2004). The relationship between personality, approach to learning and academic performance. *Personality and Individual Differences*, *36* (8), 1907-1920.

Dulac, T., Coyle-Shapiro, J. A., Henderson, D. J., & Wayne, S. J. (2008). Not all responses to breach are the same: The interconnection of social exchange and psychological contract processes in organizations. *Academy of Management Journal*, *51* (6), 1079-1098.

Eisenberger, N. I., Lieberman, M. D., & Williams, K. D.(2003). Does rejection hurt? An fMRI study of social exclusion. *Science*, *302* (5643), 290-292.

Feingold, A. (1994). Gender differences in personality: A meta-analysis. *Psychological Bulletin*, *116* (3), 429-456.

Finfgeld, D. L. (1995). Becoming and being courageous in the chronically ill elderly. *Issues in Mental Health Nursing*, *16* (1), 1-11.

Finfgeld, D. L. (1999). Courage as a process of pushing beyond the struggle. *Qualitative Health Research*, *9* (6), 803-814.

Frisoni, G. B., Testa, C., Zorzan, A., Sabattoli, F., Beltramello, A., Soininen, H., & Laakso, M. P. (2002). Detection of grey matter loss in mild Alzheimer's disease with voxel based morphometry. *Journal of Neurology, Neurosurgery & Psychiatry*, *73* (6), 657-664.

Furnham, A., & Cheng, H.(2000). Perceived parental behavior, self-esteem and happiness. *Social Psychiatry and Psychiatric Epidemiology*, *35* (10), 463-470.

Gallagher, D. J.(1996). Personality, coping, and objective outcomes: Extraversion, neuroticism, coping styles, and academic performance. *Personality and Individual Differences*, *21* (3), 421-429.

Garrido, L., Furl, N., Draganski, B., Weiskopf, N., Stevens, J., Tan, G. C. Y., ... & Duchaine, B. (2009). Voxel-based morphometry reveals reduced grey matter volume in the temporal cortex of developmental prosopagnosics. *Brain*, *132* (12), 3443-3455.

Gillham, J., Adams-Deutsch, Z., Werner, J., Reivich, K., Coulter-Heindl, V., Linkins, M., ... Seligman, M. E. (2011). Character strengths predict subjective well-being during adolescence. *The Journal of Positive Psychology*, *6* (1), 31-44.

Goud, N. H. (2005). Courage: Its nature and development. *The Journal of Humanistic Counseling, Education and Development*, *44* (1), 102-116.

Graafland, J. J. (2010). Do markets crowd out virtues? An Aristotelian framework. *Journal of Business Ethics*, *91* (1), 1-19.

Greitemeyer, T., Fischer, P., Kastenmüller, A., & Frey, D. (2006). Civil courage and helping behavior: Differences and similarities. *European Psychologist*, *11* (2), 90-98.

Greitemeyer, T., Osswald, S., Fischer, P., & Frey, D. (2007). Civil courage: Implicit theories, related concepts, and measurement. *The Journal of Positive Psychology*, *2* (2), 115-119.

Gross, C. G., & de Schonen, S. (1992). Representation of visual stimuli in inferior temporal cortex. *Philosophical Transactions of The Royal society of London, Series B: Biological Sciences*, *335* (1273), 3-10.

Gruber, C. W. (2011). The psychology of courage: Modern research on an ancient virtue. *Integrative Psychological and Behavioral Science*, *45* (2), 272-279.

Gruber, C. W. (2012). *The Construction of Courage: Personal Resiliency in Educational Settings* (Unpublished doctoral dissertation) . Clark University, Worcester.

Hamann, S., & Canli, T. (2004). Individual differences in emotion processing. *Current Opinion in Neurobiology*, *14* (2), 233-238.

Hambleton, R. K., Swaminathan, H., Algina, J., & Coulson, D. B.(1978). Criterion-referenced testing and measurement: A review of technical issues and developments. *Review of*

Educational Research, *48* (1), 1-47.

Hampshire, A., Chamberlain, S. R., Monti, M. M., Duncan, J., & Owen, A. M. (2010). The role of the right inferior frontal gyrus: Inhibition and attentional control. *NeuroImage*, *50*(3), 1313-1319.

Hannah, S. T., Sweeney, P. J., & Lester, P. B. (2007). Toward a courageous mindset: The subjective act and experience of courage. *The Journal of Positive Psychology*, *2*(2), 129-135.

Harbour, M., & Kisfalvi, V. (2014). In the eye of the beholder: An exploration of managerial courage. *Journal of Business Ethics*, *119* (4), 493-515.

Haxby, J. V., Hoffman, E. A., & Gobbini, M. I. (2000). The distributed human neural system for face perception. *Trends in Cognitive Sciences*, *4* (6), 223-233.

Hayes, A. F. (2013). *Introduction to Mediation, Moderation, and Conditional Process Analysis: A Regression-Based Approach*. New York: Guilford Press.

Hayes, A. F., & Preacher, K. J. (2014). Statistical mediation analysis with a multicategorical independent variable. *British Journal of Mathematical and Statistical Psychology*, *67* (3), 451-470.

Huebner, E. S., Gilman, R., & Laughlin, J. E. (1999). A multimethod investigation of the multidimensionality of children's well-being reports: Discriminant validity of life satisfaction and self-esteem. *Social Indicators Research*, *46* (1), 1-22.

Ihme, K., Dannlowski, U., Lichev, V., Stuhrmann, A., Grotegerd, D., Rosenberg, N., ... & Suslow, T. (2013). Alexithymia is related to differences in gray matter volume: A voxel-based morphometry study. *Brain Research*, *1491*, 60-67.

Kaufmann, D., Gesten, E., Lucia, R. C., Salcedo, O., Rendina-Gobioff, G., & Gadd, R. (2000). The relationship between parenting style and children's adjustment: The parents' perspective. *Journal of Child and Family Studies*, *9* (2), 231-245.

Kelly, C., Biswal, B. B., Craddock, R. C., Castellanos, F. X., & Milham, M. P. (2012). Characterizing variation in the functional connectome: Promise and pitfalls. *Trends in Cognitive Sciences*, *16* (3), 181-188.

Khumalo, I. P., Wissing, M. P., & Temane, Q. M. (2008). Exploring the validity of the Values-In-Action Inventory of Strengths (VIA-IS) in an African context. *Journal of Psychology in Africa*, *18* (1), 133-142.

Kilmann, R. H., O'Hara, L. A., & Strauss, J. P. (2010). Developing and validating a quantitative measure of organizational courage. *Journal of Business and Psychology*, *25* (1), 15-23.

Kim, H. (2012). A dual-subsystem model of the brain's default network: Self-referential processing, memory retrieval processes, and autobiographical memory retrieval. *NeuroImage*, *61* (4), 966-977.

Kjaer, T. W., Nowak, M., & Lou, H. C. (2002). Reflective self-awareness and conscious states: PET evidence for a common midline parietofrontal core. *NeuroImage*, *17* (2), 1080-1086.

Kling, K. C., Hyde, J. S., Showers, C. J., & Buswell, B. N. (1999). Gender differences in self-esteem: A meta-analysis. *Psychological Bulletin*, *125* (4), 470-500.

Konter, E., & Ng, J. (2012). Development of Sport Courage Scale. *Journal of Human Kinetics*, *33*, 163-172.

Kozlovskiy, S. A., Pyasik, M. M., Korotkova, A. V., Vartanov, A. V., Glozman, J. M., & Kiselnikov, A. A. (2014). Activation of left lingual gyrus related to working memory for schematic faces. *International Journal of Psychophysiology*, *94* (2), 241.

Kring, A. M., & Gordon, A. H. (1998). Sex differences in emotion: Expression, experience, and physiology. *Journal of Personality and Social Psychology*, *74* (3), 686-703.

Lazarus, R. S. (1993). Coping theory and research: Past, present, and future. *Psychosomatic Medicine*, *55* (3), 234-247.

Liu, W. Y., Weber, B., Reuter, M., Markett, S., Chu, W. C., & Montag, C. (2013). The big five of personality and structural imaging revisited: A VBM-DARTEL study. *NeuroReport*, *24* (7), 375-380.

Lopez, S. J., & Snyder, C. R. (2011). *The Oxford Handbook of Positive Psychology*. New York: Oxford University Press.

Lopez, S. J., O'Byrne, K. K., & Peterson, S. (2003). Profiling courage//Lopez, S. J., & Snyder, C. R. *Positive Psychological Assessment: A Handbook of Models and Measures* (pp.185-197). Washington: American Psychological Association.

Lou, H. C., Luber, B., Crupain, M., Keenan, J. P., Nowak, M., Kjaer, T. W., ... & Lisanby, S. H. (2004). Parietal cortex and representation of the mental self. *PNAS*, *101* (17), 6827-6832.

Lounsbury, J. W., Fisher, L. A., Levy, J. J., & Welsh, D. P. (2009). An investigation of character strengths in relation to the academic success of college students. *Individual Differences Research*, *7* (1), 52-69.

Lu, L. (2000). Gender and conjugal differences in happiness. *The Journal of Social Psychology*, *140* (1), 132-141.

Lu, L., & Shih, J. B. (1997). Personality and happiness: Is mental health a mediator? *Personality and Individual Differences*, *22* (2), 249-256.

Lubbers, M. J., van Der Werf, M. P., Kuyper, H., & Hendriks, A. J. (2010). Does homework behavior mediate the relation between personality and academic performance? *Learning and Individual Differences*, *20* (3), 203-208.

MacCann, C., Fogarty, G. J., Zeidner, M., & Roberts, R. D. (2011). Coping mediates the relationship between emotional intelligence (EI) and academic achievement. *Contemporary Educational Psychology*, *36* (1), 60-70.

Maddi, S. R. (2006). Hardiness: The courage to grow from stresses. *The Journal of Positive Psychology*, *1* (3), 160-168.

Maddi, S. R. (2008). The courage and strategies of hardiness as helpful in growing despite major, disruptive stresses. *American Psychologist*, *63* (6), 563-564.

Magnano, P., Paolillo, A., Platania, S., & Santisi, G. (2017). Courage as a potential mediator between personality and coping. *Personality and Individual Differences*, *111*, 13-18.

Malhotra, N. K., Kim, S. S., & Patil, A. (2006). Common method variance in IS research: A comparison of alternative approaches and a reanalysis of past research. *Management Science*, *52* (12), 1865-1883.

Martin, A. J. (2011). Courage in the classroom: Exploring a new framework predicting academic performance and engagement. *School Psychology Quarterly*, *26* (2), 145-160.

Masud, H., Thurasamy, R., & Ahmad, M. S. (2015). Parenting styles and academic achievement of young adolescents: A systematic literature review. *Quality & Quantity*, *49* (6), 2411-2433.

Matsunaga, M. (2008). Item parceling in structural equation modeling: A primer. *Communication Methods and Measures*, *2* (4), 260-293.

May, D. R., Luth, M. T., & Schwoerer, C. E. (2014). The influence of business ethics education on moral efficacy, moral meaningfulness, and moral courage: A quasi-experimental study. *Journal of Business Ethics*, *124* (1), 67-80.

May, R. (1975). *The Courage to Create*. New York: W. W. Norton & Company.

McCandliss, B. D., Cohen, L., & Dehaene, S. (2003). The visual word form area: Expertise for reading in the fusiform gyrus. *Trends in Cognitive Sciences*, *7* (7), 293-299.

McClun, L. A., & Merrell, K. W. (1998). Relationship of perceived parenting styles, locus of control orientation, and self-concept among junior high age students. *Psychology in the Schools*, *35* (4), 381-390.

Mennes, M., Kelly, C., Zuo, X. N., Di Martino, A., Biswal, B. B., Castellanos, F. X., & Milham, M. P. (2010). Inter-individual differences in resting-state functional connectivity predict task-induced BOLD activity. *NeuroImage*, *50* (4), 1690-1701.

Mookherjee, H. N. (1997). Marital status, gender, and perception of well-being. *The Journal of Social Psychology*, *137* (1), 95-105.

Moss, H. E., Abdallah, S., Fletcher, P., Bright, P., Pilgrim, L., Acres, K., & Tyler, L. K. (2005). Selecting among competing alternatives: Selection and retrieval in the left inferior frontal gyrus. *Cerebral Cortex*, *15* (11), 1723-1735.

Mühlau, M., Gaser, C., Ilg, R., Conrad, B., Leibl, C., Cebulla, M. H., ... & Wohlschläger, A. M. (2007). Gray matter decrease of the anterior cingulate cortex in anorexia nervosa. *American Journal of Psychiatry*, *164* (12), 1850-1857.

Muris, P., Mayer, B., & Schubert, T. (2010). "You might belong in Gryffindor": Children's courage and its relationships to anxiety symptoms, big five personality traits, and sex roles. *Child Psychiatry & Human Development*, *41* (2), 204-213.

Niesta K. D., Greitemeyer, T., Fischer, P., & Frey, D. (2010). Why mood affects help giving, but not moral courage: Comparing two types of prosocial behaviour. *European Journal of Social Psychology*, *40* (7), 1136-1157.

Nili, U., Goldberg, H., Weizman, A., & Dudai, Y. (2010). Fear thou not: Activity of frontal and temporal circuits in moments of real-life courage. *Neuron*, *66* (6), 949-962.

Noftle, E. E., & Robins, R. W. (2007). Personality predictors of academic outcomes: Big five correlates of GPA and SAT scores. *Journal of Personality and Social Psychology*, *93* (1), 116-130.

Norton，P. J.，& Weiss，B. J.（2009）. The role of courage on behavioral approach in a fear-eliciting situation：A proof-of-concept pilot study. *Journal of Anxiety Disorders*，*23*（2），212-217.

Onitsuka，T.，Shenton，M. E.，Salisbury，D. F.，Dickey，C. C.，Kasai，K.，Toner，S. K.，... & McCarley，R. W.（2004）. Middle and inferior temporal gyrus gray matter volume abnormalities in chronic schizophrenia：An MRI study. *The American Journal of Psychiatry*，*161*（9），1603-1611.

Osswald，S.，Frey，D.，& Streicher，B.（2012）. Moral courage//Kals，E.，& Maes，J. *Justice and Conflicts：Theoretical and Empirical Contributions*（pp.391-405）. Berlin：Springer-Verlag.

Otake，K.，Shimai，S.，Ikemi，A.，Utsuki，N.，Peterson，C.，& Seligman，M. E.（2005）. Development of the Japanese version of the Values in Action Inventory of Strengths（VIA-IS）. *Shinrigaku Kenkyu：The Japanese Journal of Psychology*，*76*（5），461-467.

Park，N.，& Peterson，C.（2006）. Moral competence and character strengths among adolescents：The development and validation of the Values in Action Inventory of Strengths for Youth. *Journal of Adolescence*，*29*（6），891-909.

Park，N.，& Peterson，C.（2008）. Positive psychology and character strengths：Application to strengths-based school counseling. *Professional School Counseling*，*12*（2），85-92.

Park，N.，Peterson，C.，& Seligman，M. E.（2004）. Strengths of character and well-being. *Journal of Social and Clinical Psychology*，*23*（5），603-619.

Petersen，S. E.（2006）. A repertory grid evaluation of a multidimensional theory of courage. *Dissertation Abstracts International*，*66*（8），4496.

Peterson, C., & Seligman，M. E. (2003). Character strengths before and after September 11. *Psychological Science*，*14*（4），381-384.

Peterson，C.，& Seligman，M. E.（2004）. *Character Strengths and Virtues：A Handbook and Classification*. New York：Oxford University Press.

Peterson，C.，Park，N.，Hall，N.，& Seligman，M. E.（2009）. Zest and work. *Journal of Organizational Behavior*，*30*（2），161-172.

Pillai，K.（2011）. *Essence of a Manager*. Berlin：Springer-Verlag.

Podsakoff，P. M.，MacKenzie，S. B.，& Podsakoff，N. P.（2012）. Sources of method bias in social science research and recommendations on how to control it. *Annual Review of Psychology*，*63*，539-569.

Polit，D. F.，Beck，C. T.，& Owen，S. V.（2007）. Is the CVI an acceptable indicator of content validity？Appraisal and recommendations. *Research in Nursing & Health*，*30*（4），459-467.

Poropat，A. E.（2009）. A meta-analysis of the five-factor model of personality and academic performance. *Psychological Bulletin*，*135*（2），322-338.

Pury，C. L.（2013）. Fostering courage in individuals：Basic directions and cautions//Burke，R.，& Cooper，C. *Voice and Whistleblowing in Organizations：Overcoming Fear，Fostering Courage，and Unleashing Candor*（pp.343-357）. Cheltenham：Edward Elgar Publishing.

Pury，C. L.，& Kowalski，R. M.（2007）. Human strengths，courageous actions，and general and personal courage. *The Journal of Positive Psychology*，*2*（2），120-128.

Pury, C. L., Kowalski, R. M., & Spearman, J. (2007). Distinctions between general and personal courage. *The Journal of Positive Psychology*, *2* (2), 99-114.

Putman, D. A. (2004). *Psychological Courage*. Dallas: University Press of America.

Rachman, S. J. (1990). *Fear and Courage* (2nd Ed.). New York: W. H. Freeman and Company.

Rachman, S. J. (2004). Fear and Courage: A Psychological Perspective. *Social Research: An International Quarterly*, *71* (1), 149-176.

Radua, J., & Mataix-Cols, D. (2009). Voxel-wise meta-analysis of grey matter changes in obsessive-compulsive disorder. *The British Journal of Psychiatry*, *195* (5), 393-402.

Radua, J., Phillips, M. L., Russell, T., Lawrence, N., Marshall, N., Kalidindi, S., ... & David, A. S. (2010). Neural response to specific components of fearful faces in healthy and schizophrenic adults. *NeuroImage*, *49* (1), 939-946.

Radua, J., van den Heuvel, O. A., Surguladze, S., & Mataix-Cols, D. (2010). Meta-analytical comparison of voxel-based morphometry studies in obsessive-compulsive disorder vs other anxiety disorders. *Archives of General Psychiatry*, *67* (7), 701-711.

Rate, C. R. (2007). *What is Courage? A Search for Meaning* (Unpublished doctoral dissertation). Yale University, New Haven.

Rate, C. R., & Sternberg, R. J. (2007). When good people do nothing: A failure of courage//Langan-Fox, J., Cooper, C. & Klimoski, R. *Research Companion to the Dysfunctional Workplace: Management Challenges and Symptoms* (pp.3-21). Cheltenham: Edward Elgar Publishing.

Rate, C. R., Clarke, J. A., Lindsay, D. R., & Sternberg, R. J. (2007). Implicit theories of courage. *The Journal of Positive Psychology*, *2* (2), 80-98.

Ruch, W., Proyer, R. T., Harzer, C., Park, N., Peterson, C., & Seligman, M. E. (2010). Values in Action Inventory of Strengths (VIA-IS): Adaptation and validation of the German version and the development of a peer-rating form. *Journal of Individual Differences*, *31* (3), 138-149.

Sakurai, Y., Mimura, I., & Mannen, T. (2008). Agraphia for kanji resulting from a left posterior middle temporal gyrus lesion. *Behavioral Neurology*, *19* (3), 93-106.

Schilpzand, P. (2008). *Personal Courage: A Measure Creation Study* (Unpublished doctoral dissertation). University of Florida, Gainesville.

Schwarzlose, R. F., Baker, C. I., & Kanwisher, N. (2005). Separate face and body selectivity on the fusiform gyrus. *The Journal of Neuroscience*, *25* (47), 11055-11059.

Sekerka, L. E., Bagozzi, R. P., & Charnigo, R. (2009). Facing ethical challenges in the workplace: Conceptualizing and measuring professional moral courage. *Journal of Business Ethics*, *89* (4), 565-579.

Seligman, M. E., Steen, T. A., Park, N., & Peterson, C. (2005). Positive psychology progress: Empirical validation of interventions. *American Psychologist*, *60* (5), 410-421.

Shamir, B., House, R. J., & Arthur, M. B. (1993). The motivational effects of charismatic leadership: A self-concept based theory. *Organization Science*, *4* (4), 577-594.

Shoshani, A., & Slone, M. (2013). Middle school transition from the strengths perspective: Young adolescents' character strengths, subjective well-being, and school adjustment. *Journal of Happiness Studies*, *14* (4), 1163-1181.

Shryack, J., Steger, M. F., Krueger, R. F., & Kallie, C. S. (2010). The structure of virtue: An empirical investigation of the dimensionality of the virtues in action inventory of strengths. *Personality and Individual Differences*, *48* (6), 714-719.

Simonton, D. K. (1988). Presidential style: Personality, biography, and performance. *Journal of Personality and Social Psychology*, *55* (6), 928-936.

Simonton, D. K. (1991). Emergence and realization of genius: The lives and works of 120 classical composers. *Journal of Personality and Social Psychology*, *61* (5), 829-840.

Simonton, D. K. (2003). Qualitative and quantitative analyses of historical data. *Annual Review of Psychology*, *54* (1), 617-640.

Singh, K., & Choubisa, R. (2010). Empirical validation of Values in Action-Inventory of Strengths (VIA-IS) in Indian context. *Psychological Studies*, *55* (2), 151-158.

Spera, C. (2005). A review of the relationship among parenting practices, parenting styles, and adolescent school achievement. *Educational Psychology Review*, *17* (2), 125-146.

Stroud, L. R., Salovey, P., & Epel, E. S. (2002). Sex differences in stress responses: Social rejection versus achievement stress. *Biological Psychiatry*, *52* (4), 318-327.

Swick, D., Ashley, V., & Turken, U. (2008). Left inferior frontal gyrus is critical for response inhibition. *BMC Neuroscience*, *9* (1), 1-11.

Szagun, G. (1992). Age-related changes in children's understanding of courage. *Journal of Genetic Psychology*, *153*, 405-420.

Szagun, G., & Schäuble, M. (1997). Children's and adults' understanding of the feeling experience of courage. *Cognition & Emotion*, *11* (3), 291-306.

Takahashi, H., Yahata, N., Koeda, M., Matsuda, T., Asai, K., & Okubo, Y. (2004). Brain activation associated with evaluative processes of guilt and embarrassment: An fMRI study. *NeuroImage*, *23* (3), 967-974.

Taylor, S. E., Burklund, L. J., Eisenberger, N. I., Lehman, B. J., Hilmert, C. J., & Lieberman, M. D. (2008). Neural bases of moderation of cortisol stress responses by psychosocial resources. *Journal of Personality and Social Psychology*, *95* (1), 197-211.

Tillich, P. (1952). *The Courage to Be*. New Haven: Yale University Press.

Toner, E., Haslam, N., Robinson, J., & Williams, P. (2012). Character strengths and wellbeing in adolescence: Structure and correlates of the Values in Action Inventory of Strengths for Children. *Personality and Individual Differences*, *52* (5), 637-642.

van Dierendonck, D., & Nuijten, I. (2011). The servant leadership survey: Development and validation of a multidimensional measure. *Journal of Business and Psychology*, *26* (3), 249-267.

Weber, M., & Ruch, W. (2012). The role of character strengths in adolescent romantic relationships: An initial study on partner selection and mates' life satisfaction. *Journal of Adolescence*, *35* (6), 1537-1546.

Whitney, C., Kirk, M., O'Sullivan, J., Lambon, R. M., & Jefferies, E. (2011). The neural organization of semantic control: TMS evidence for a distributed network in left inferior frontal and posterior middle temporal gyrus. *Cerebral Cortex*, *21* (5), 1066-1075.

Whittington, A., & Mack, E. N. (2010). Inspiring courage in girls: An evaluation of practices and outcomes. *Journal of Experiential Education*, *33* (2), 166-180.

Woodard, C. R. (2004). Hardiness and the concept of courage. *Consulting Psychology Journal: Practice and Research*, *56* (3), 173-185.

Woodard, C. R., & Pury, C. L. (2007). The construct of courage: Categorization and measurement. *Consulting Psychology Journal: Practice and Research*, *59* (2), 135-147.

Zang, Y., Jiang, T., Lu, Y., He, Y., & Tian, L. (2004). Regional homogeneity approach to fMRI data analysis. *NeuroImage*, *22* (1), 394-400.

Zuo, X. N., Xu, T., Jiang, L., Yang, Z., Cao, X. Y., He, Y., ... & Milham, M. P. (2013). Toward reliable characterization of functional homogeneity in the human brain: Preprocessing, scan duration, imaging resolution and computational space. *NeuroImage*, *65* (5), 374-386.

后　记

时光流转，腊梅待雪，不知不觉中，书稿和我的宝贝一样基本成形。苏师姐将撰写博士学位论文的过程比喻成孕育“哪吒”，从那段时期出现的剧烈孕吐、腹重煎熬、无尽忧思、分娩阵痛中便可窥见其中的艰辛。从这本书的孕育到成稿，我似乎少有她那样的深刻体验，但也是痛并快乐着。我的快乐源自撰写书稿过程中的一些成果已经在学科级核心期刊上发表，如“我国古籍中‘勇’的心理学探析”“大学生勇气与主观幸福感的关系：一个有调节的中介模型”“An Exploration of Courage in Chinese Individuals”。

诚然，书中一系列研究仅仅是目前人格研究中国化的一种尝试，还有许多问题有待进一步研究。首先，儿童勇气品格的养成教育。虽然第八章从个体、家庭、学校、社会四个角度提出了一些理论性的建议，但仍需要大量干预实验、教育实践的证明。其次，基于任务态的勇气的脑机制。第七章静息态结果只能说明勇气与某些脑区的相关程度，但不能弄清楚勇气和哪些脑区活动存在因果关系，因此，未来可设计诱发勇气的相关任务直接探究其大脑机制。再次，勇气的跨文化比较。第一章和第二章虽然借鉴了西方人关于勇气的某些看法，也试图寻找中国人勇气结构的跨文化的一致性和差异性，但重点关注的还是中国文化对勇气的独特影响。倘若能将生活在不同文化背景下人们的勇气进行实验对比，详细描述和解释勇气形成与发展的心理机制，对揭示全人类勇气的全貌颇有裨益。最后，勇气的影响因素。第二章的深度访谈和开放式调查中，受访者提及社会支持系统、乐观倾向、快乐情绪、失败经历等因素，仅停留在大众观念或假设层面，亟待深入的实证研究加以验证。

勇气的研究永无止境，限于精力和时间，关于勇气的行文暂止于此。书中难免存在语言表达不当之处，敬请读者批评指正。完成这二十几万字的书稿，有些情必定铭记，有些人需要感谢，有些事值得纪念。首先，导师的恩情必定铭记。在某种程度上，博士生导师黄希庭教授改变了我的命运，对其感恩之情难以言表。他的鼓励，让以往不太精通人格心理学的我有勇气跟随他遨游于人格心理学的世界，享受探索人格奥秘的快乐。在本书选题、文献综述、研究设计、调查实施、结果呈现等环节，导师都以支持为主、建议为辅，不仅彰显了学术民主作风，也大大增强了我专注研究中国人勇气的信心。他非常注重学生的全面发展，主张道德熏陶、学术研究、教学技能、人际沟通、生活艺术并重，希望我们跨出师门后能够独当一面、出类拔萃，成为幸福的进取者。其次，挚友的帮助需要感谢。书中调查和实验数据的收集得到了多位好友相助，他们分布于国内不同地区的大学、中学、企业、政府、军队等单位。借助他们的力量，我成功获得了过万份有效问卷数据。最后，组建新家庭值得纪念。书稿撰写接近尾声，终身大事尘埃落定。感谢爱人的理解和包容，以及未出生宝贝的配合，与我共同缔造了一个幸福之家。

程翠萍　　谨识

2018 年 12 月于南山